Psychotherapie und Religion

Psychotherapie und Religion

Herausgegeben von
Heinz Laubreuter

Tyrolia-Verlag · Innsbruck-Wien

Mitglied der Verlagsgruppe „engagement"

Die Deutsche Bibliothek – CIP-Einheitsaufnahme

Psychotherapie und Religion / hrsg. von Heinz Laubreuter. -
Innsbruck ; Wien : Tyrolia-Verl., 1998
ISBN: 3-7022-2144-1

1998
© Verlagsanstalt Tyrolia, Innsbruck
Umschlaggestaltung: Mag. Elke Staller
Umschlagbild: Patricia Karg, Licht der Begegnung
Printed in Italy
ISBN: 3-7022-2144-1

Inhaltsverzeichnis

Heinz Laubreuter

Einführung

Eine Bäuerin aus Langenlois im Waldviertel besucht 1936 ihre nach Berlin geheiratete Tochter. Dort wird sie von der jungen Familie ins Olympiastadion eingeladen. Gemeinsam mit hunderttausend Menschen hört sie eine Rede von Hitler. Am Abend sagt sie zu ihrer Tochter: „Euer Hitler is' ja ein Räuber!"
Drei Jahre später, Österreich ist schon Teil des Dritten Reiches, schreibt der Dechant eines Nachbarorts von Langenlois in der Kirchenzeitung: „Eines muß man den neuen Herren lassen: Sie schaffen Ordnung und geben uns Raum zur Seelsorge."
Diese beiden Begebenheiten erzählt Richard Picker gelegentlich in Seminaren über die Theorie der Gestalttherapie. Beeindruckend ist die Klarheit der Wahrnehmung der Bäuerin. Auch die Begeisterung der Masse im Stadion bringt die alte Frau nicht von dem ab, was sie dort erlebt und empfunden hat. Ebenso beeindruckend ist, wie der engagierte Seelsorger des Nachbarorts seinen Blick so einengen und trüben lassen kann.
Das Zusammenbringen der beiden Geschichten zielt nicht auf eine Kirchenkritik ab. In ebensolchen Veranstaltungen für Psychotherapeuten erzählt Richard Picker bisweilen auch die Geschichte des Franz Jägerstätter. Der war ein einfacher, katholisch gläubiger Mann und hat sich der Einberufung zur Wehrmacht widersetzt. „Im Katechismus", so sagte er seinem Pfarrer, „steht ganz genau, was ein ungerechter Krieg ist. Und dieser Krieg ist nach dem Katechismus ein ungerechter Krieg. Ich mach' keinen Schuß nicht!"
Jägerstätter kam an einen ganz ähnlichen Punkt wie die Waldviertler Bäuerin. Allerdings in der Weise, daß er sich einer Überlieferung, dem, was Frühere an Einsichten und Wahrheiten bargen, anvertraute und sich damit in Einklang fand. Was hätte ein Psychotherapeut, wäre er von Jägerstätter konsultiert worden, diesem sagen können?

Wer einen Psychotherapeuten aufsucht, ist zumeist in irgendeiner Weise an eine Grenze gekommen. Seine Selbstanalyse, seine bisherigen Versuche, aus Angst, Depression, Beziehungsschwierigkeiten und anderen Leidenszuständen herauszukommen, sind irgendwie erschöpft. In der Begegnung, im Gespräch mit dem Therapeuten hofft er auf neue Einsichten, neue Erfahrungen, neue Möglichkeiten seiner Konflikt- und Lebensbewältigung.

So trifft der Therapeut seinerseits auf einen Menschen, der nicht in der Mitte steht, sondern sich am Rand aufhält. Mitunter hat ihn sein Leiden sogar an einen sozialen Rand gebracht, ist vielleicht kaum arbeitsfähig, einsam. In seinem Denken und Fühlen erlebt er vielleicht eine Differenz zu allgemein anerkannten Übereinkünften. Er handelt unter Umständen nach einer für seine Umgebung schwer nachvollziehbaren Logik. Der Therapeut wird sich nun auf den Rand, an dem der Patient steht, in seinem Denken und Einfühlen zubewegen. Stünde er einfach in der normativen Mitte, völlig im Einklang mit den gesellschaftlichen und zeitgeistigen Übereinkünften, wäre er wenig hilfreich dem, der daran leidet, der hieraus gefallen ist oder zu fallen droht.

Das religiöse Erleben ist ebenfalls ein Grenzgeschehen, insofern es eine Art von Begegnung mit Außerweltlichem ist. Nicht alles, was der Fall ist, ist Welt, sagt das Religiöse, in Abwandlung eines berühmten Satzes. Damit steht es, vom modernen psychologischen Standpunkt, gleichzeitig auch an der Grenze zum Psychopathologischen. Starkes religiöses Erleben gerät in die Nähe des Wahns. Eine schlichte Volksfrömmigkeit wird als infantile Zwangsneurose erkannt.

Ein Grenzgeschehen ist es also in jedem Fall. Nun ist aber die Grenze nicht das, wobei etwas aufhört, sondern ist jenes, von woher etwas sein Wesen beginnt, wie Heidegger sagt. Was beginnt also hier? Würde die Psychotherapie an diesem Punkt das Aufhören betonen und nicht auch das Beginnen sehen, würde sie eine unzulässige Reduktion vornehmen.

Sofern Psychologie und Psychotherapie keinen weltanschaulichen Punkt fixieren wollen, bleibt ihnen nichts anderes übrig, als sich offenzuhalten für alle Phänomene, einschließlich derer, die man religiös nennt. Leicht ist so ein Offenhalten nicht. Wer etwa Musik nicht liebt, keinen Bezug zu ihr hat, dem kann sie leicht zum nichtssagenden Geräusch werden. Wie spricht so jemand mit einem Freund, der ihm begeistert von einem Konzert erzählt? Wenn er Psychologe ist, wird er vielleicht die Begeisterung des Freundes als Selbstvergessenheit erleben oder die antriebsfördernde Wirkung des Musikgenusses auf den Freund beobachten. Das mag auch richtig sein. Er spricht dann aber von der psychologischen Wirkung und Funktion der Musik. Er spricht nicht von der Musik, nicht von dem Ort, wo der Freund der Musik begegnet, und dem, was sich dort ereignet. Formal ähnlich ist es mit der Psychologie der Religion und der psychotherapeutischen Ausleuchtung des Religiösen. Sie hat ihre große Berechtigung. Gottesvergiftung, ekklesiogene Neurosen, religiöser Wahn, zwanghaftes Klammern an eine Glaubensgemeinschaft, Zwangshandlungen und Religionsübungen etc. – alles behandlungswürdige Erscheinungen. Die hier gewonnenen Einsichten über das Krankmachende an Kirche und Religion müssen ausgesprochen und diesen zugemutet werden. Das ist hier auch die erste Aufgabe der Psychotherapie als Heilkunst. Sie kann und will nicht infantile Anhänglichkeit, Ausweichen vor den Erfordernissen eines Erwachsenenlebens und ähnliches unhinterfragt lassen, nur weil es sich religiös gebärdet.

Die Psychotherapie muß aber in einem zweiten Schritt sehen, daß sie es bis dahin nicht mit dem Ganzen des religiösen Phänomens zu tun hat. Der praktizierende Psychotherapeut muß Religion nicht bejahen. Er soll sich aber offenhalten dafür, daß es sie gibt.

Eine diesem Erfordernis entsprechende philosophische Grundlage, und jede psychotherapeutische Schule steht einem jeweiligen philosophischen Denken nahe, scheint die Phänomenologie zu sein. „Jede originär gegebene Anschauung sei eine Rechtsquelle der Erkenntnis", so Husserl, „alles, was sich uns in der ‚Intuition' originär (sozusagen in seiner leibhaften Wirklichkeit) darbietet, sei einfach hinzunehmen, als was es sich gibt, aber auch nur in den Schranken, in denen es sich gibt." Husserls Assistentin Edith Stein ist bekanntlich fromm geworden. So nah können das strenge Denken und der christliche Glaube zusammenkommen. Richard Picker nennt den Vorgang einer phänomenologisch inspirierten Psychotherapie gelegentlich: Andacht zur Wirklichkeit. Es geht um das wirkliche, konkrete Leben des Patienten, es geht hier um keinen Glauben. Und die Andacht meint wohl ein Andenken im Sinne von Hindenken zur Wirklichkeit des Anderen. Die Gefahr, dabei in eine Art von Frömmigkeit, im weiteren Sinn des Wortes, zu kommen, ist nicht auszuschließen.

Alle moderne Seelenbehandlung steht auf dem Fundament der Freudschen Entdeckungen. Seine Leistungen waren zugleich, therapeutisch gesprochen, eine Kränkung für Religion und Kirche. Der Pessimist Freud hat ein ungewöhnlich optimistisches Buch geschrieben. Das ist ausgerechnet seine religionskritische Schrift „Die Zukunft einer Illusion", seine Streitschrift gegen die Illusion von tröstenden und frohen Botschaften. Religion, so Freud, entstehe aus dem Schuldgefühl über den Tötungsakt in der Urhorde, wo die Brüder den Vater ermordeten. „Religion ist die Wiedererinnerung von alten, verschollenen, höchst effektvollen Vorgängen der Menschengeschichte. Was die Religion stark macht, ist nicht ihre reale, sondern ihre historische Wahrheit." Spricht hier der genaue Kenner der jüdischen Überlieferung? Und schließlich: „Unser Gott Logos wird ... verwirklichen, was die Natur außer uns gestattet, aber sehr allmählich, erst in unabsehbarer Zukunft und für neue Menschenkinder." Dieses alte biblische Wort von den Menschenkindern! Man kann diese Schrift des Genies also durchaus auch als religionsstiftend lesen. Die Psychoanalytikerin Grubrich-Simitis hat in ihren Studien zu Freuds Moses-Büchern auch auf seine Abwehr der tiefen Identifizierung mit Moses als Religionsstifter hingewiesen.

Vielleicht ist es mit der Religion als Erinnerung auch noch anders. Die Religion als „Erinnerung daran, daß es mehr Leben in uns gibt, als dieses Leben lebt," wie Sloterdijk vermutet. „Die Glaubensfunktion als eine Leistung devitalisierter Körper, die nicht ganz der Erinnerung beraubt werden können, daß in ihnen viel tiefere Quellen der Lebendigkeit, der Kraft, der Lust und des Rätsels und Rausches, dazusein, verborgen liegen müssen, als der Alltag erkennen läßt."

Sowohl das Christentum, die Religion, die uns am meisten angeht, als auch die moderne Psychotherapie haben merkwürdig, im besten Wortsinne, begonnen. Für Paulus, den Anführer jener kleinen Glaubensgemeinschaft im Mittelmeerraum, hat Gott „das Törichte in der Welt erwählt" und er weiß, wie sehr sein Glaube in den Augen der gebildeten Heiden „eine Torheit" war. Neunzehnhundert Jahre später sagt Freud, Gastgeber einer kleinen Psychologischen Mittwoch-Gesellschaft, über seinen Beginn: Ich habe mir den moralischen Mut genommen, zuzuhören, ob da ein Sinn in dem ist, was mir die Nervösen und Kranken erzählen.

So sind beide anfangs ein bißchen schräg und quer. Beide sind Grenzgeschehen. Und beiden geht es um den Menschen. Der Gott der christlichen Theologie ist der Theos philanthropos. Über ihn kann nicht geredet werden, ohne im selben Atemzug auch vom Menschen zu sprechen. Und schließlich sind sie doch auch weit auseinander. Selbst dort, wo beide deutlich vom Menschen sprechen, liegen oft tiefe Gräben dazwischen, wie etwa in der Frage der Geschlechtlichkeit.

Wegen und trotz der Ähnlichkeiten und Gegensätze ist ein Gespräch zwischen Psychotherapie und kirchlichem Christentum in Gang gekommen. Zusammen mit Franz Kardinal König und Augustinus Wucherer-Huldenfeld ist Richard Picker ein Betreiber und Förderer dieses Gesprächs in Österreich.

Das vorliegende Buch ist eine Festschrift für Dr. Richard Picker. Die Autoren sind private und berufliche Wegbegleiter des Gewürdigten. Ihnen gilt der besondere Dank. Ihre Bereitschaft hat das Buch erst ermöglicht. Die Beiträge, aus Gebieten wie Psychoanalyse, Gestalttherapie, Philosophie, Politik und kirchlichem Christentum, machen diesen Band vielfältig und spiegeln so die geistige Spannweite des Gewürdigten wider. Danken möchte ich auch Christl Picker und Dr. Kerstin Nowotny für die Unterstützung sowie Dr. Raimund Tischler vom Tyrolia-Verlag.

Wien, im Dezember 1997

Franz Kardinal König

Das Religiöse und die Psychotherapie

Psychotherapie und Religion haben beide mit dem seelischen Bereich des Menschen zu tun. Ein solches Nahverhältnis kann leicht zu Spannungen oder auch größeren Mißverständnissen führen. Beide, Psychotherapie und Religion, wollen sich mit dem ganzen Menschen beschäftigen und stellen ihn in die Mitte ihrer Aufmerksamkeit und Tätigkeit. Beide wollen sich mit dem ganzen Menschen und nicht nur mit Teilaspekten desselben beschäftigen. Hier ist unser Problem, hier liegt aber auch unsere Chance. Unser Problem sind die vielen möglichen Mißverständnisse, Spannungen und möglicherweise Antipathien. Hier liegt aber auch eine große Chance: Von diesem Buch könnten Anregungen ausgehen, um in beiderseitigem Interesse, das heißt, im Interesse des Menschen selber, über den gesunden und den kranken Menschen miteinander zu sprechen, ohne die Grenzen zu verwischen.

Zu einem Thema „Religion und Psychotherapie" aus meiner Sicht Stellung zu nehmen, ist daher sehr schwierig, und ich kann mich nur auf einige Feststellungen beschränken.

Psychoanalyse und Psychotherapie führten mit Sigmund Freud zu einer epochalen Revolution des Menschenbildes; ein bisher unbekanntes Tor zur tieferen Selbsterkenntnis des Menschen wurde aufgestoßen. Dies geschah in einer zeitgeschichtlichen Verbindung mit dem positivistischen Wissenschaftsbegriff von damals. Der Einfluß der Naturwissenschaften, des Empirismus, verband sich mit einer damals skeptischen oder negativen Einstellung gegenüber der sogenannten „religiösen Frage". Für Sigmund Freud um und nach der Jahrhundertwende war daher „Religion" eine „allgemeine menschliche Zwangsneurose" (Gesammelte Werke, XIV, 367), das heißt, die Beschäftigung mit der religiösen Frage gehört nicht notwendig zum Menschsein dazu, gehört nicht in das Bild des seelisch gesunden Menschen.

Heute hat sich diesbezüglich vieles geändert. Wir leben in einer Zeit von Rastlosigkeit, Verwirrung und weltanschaulicher Desorientierung eines kulturellen und religiösen Pluralismus. Heute stellt sich, anders als zur Zeit Freuds, die Frage, ob eine gelebte Religion, eine gelebte Religiosität, auch wesentlich in das Gesamtbild eines seelisch gesunden Menschen gehört? Ob Religion, die fallweise Auseinandersetzung damit, jeden Menschen angeht oder nur Spezialisten, das ist nicht eine Frage der Religionsphilosophie, des Religiös-Seins oder des Nicht-religiös-Seins, sondern eine Frage nach dem Wesensbild des Menschen.

In einem Tagungsbericht der Psychiatrischen Universitätsklinik in Basel, vorgelegt vom seinerzeitigen Klinikchef, Prof. Pöldinger (Aspekte menschlichen Befindens und Verhaltens, 1987, 89 ff.), heißt es, daß der Tübinger Theologe Küng in einem Vortrag zum Phänomen der Religion im Bereich der Psychiatrie zur Feststellung gekommen sei: Anhand der großen Handbücher und Enzyklopädien sowie der Fachliteratur im psychiatrischen Forschungs- und Arbeitsgebiet der letzten Zeit ergäbe sich die Feststellung, daß das Thema Religion dort wenig Beachtung fände; das Thema würde eher im Sinne der Psychotherapie „verdrängt", was dem Stand der Beschäftigung mit religiösen Fragen in der Gegenwart nicht entspreche.

Ohne auf eine solche Feststellung näher einzugehen, würde ich aus meiner Sicht hinzufügen: Die vorherrschende Beschäftigung mit kranken Formen religiösen Lebens kann auch bei Psychotherapeuten zu Abwehrreaktionen führen. Ein summarisches Wissen um Mißbrauch der Religion in der Geschichte durch Fanatismus, Intoleranz, bis zu den Religionskriegen – ja, Zaubersprüche, Dämonenverehrung, Hexenfurcht mit merkwürdigen Praktiken, um Unheil abzuwehren –, das alles aber macht es schwierig, krankhafte und gesunde Formen des religiösen Phänomens im menschlichen Leben auseinanderzuhalten. Allzuleicht ergeben sich Mischformen, wie Angst, Zwangsvorstellungen, falsche Schuldgefühle, Rechthabereien usw. Aber bereits der Ausdruck „krankhaft" weist nach unserem Sprachgebrauch auf die andere Seite des Normalen und Gesunden hin. Denn alle diese irregeleiteten Ausdrucksformen religiösen Lebens sind zugleich auch Sehnsucht nach einer verläßlichen Antwort auf letzte Fragen des Menschseins und auf die Unsicherheiten des eigenen Lebens.

Lassen Sie mich dazu einige Erläuterungen anführen.

1. Ich möchte einen Schritt weitergehen und die Meinung eines bekannten Psychiaters und Psychotherapeuten selbst erfragen. Ich beziehe mich auf einen Vortrag C. G. Jungs, den er vor einigen Jahrzehnten in Strasbourg zum Thema „Die Beziehungen der Psychotherapie zur Seelsorge" gehalten hat; ich zitiere hier: „Seit dreißig Jahren habe ich eine Klientel aus allen Kulturländern der Erde. Viele Hunderte von Patienten sind durch meine Hände gegangen: Es waren in der Großzahl Protestanten, in der Min-

derzahl Juden, und nicht mehr als fünf bis sechs praktizierende Katholiken.

Unter allen meinen Patienten jenseits der Lebensmitte – das heißt, jenseits fünfunddreißig – ist nicht ein einziger, dessen endgültiges Problem nicht das der religiösen Einstellung wäre. Ja, jeder krankt in letzter Linie daran, daß er das verloren hat, was lebendige Religionen ihren Gläubigen zu allen Zeiten gegeben haben; und keiner ist wirklich geheilt, der seine religiöse Einstellung nicht wieder erreicht, was mit Konfession oder Zugehörigkeit zu einer Kirche natürlich nichts zu tun hat."

Soweit der Bericht C. G. Jungs, des Zeitgenossen Freuds und Begründers der Tiefenpsychologie, der aus einer mehr allgemein menschlichen Erfahrung besagen wollte, wie weit die religiöse Frage durchschnittliche Menschen beschäftigt.

An einer anderen Stelle fügt er dann noch hinzu: „Unter meiner internationalen Klientel, die ausnahmslos den gebildeten Kreisen entstammt, habe ich eine nicht unbeträchtliche Anzahl von Fällen, die mich aufgesucht haben, nicht etwa, weil sie an einer Neurose litten, sondern weil sie in ihrem Leben keinen Sinn fanden oder weil sie sich mit Problemen quälten, für die sie keine Antwort fanden."

Daß es sich in einem solchen Fall nicht nur um ein religiöses, sondern auch um ein menschliches Defizit handelt, zeigt uns ein anderes Beispiel. F. W. Nietzsche war ausgezogen, um Gott zu töten und den Menschen an seine Stelle, an die Stelle Gottes, zu setzen. Er, der seine Hände beschwörend gegen Gott erhoben hatte, der es aufgegeben hatte, Gott zu suchen oder zu beten, er bekennt seine menschliche Einsamkeit. Ich zitiere einige Sätze aus seiner „Fröhlichen Wissenschaft", Aph. 285:

„Du wirst niemals mehr beten, niemals mehr anbeten,
niemals mehr im endlosen Vertrauen ausruhen.
Du versagst es dir, vor einer letzten Weisheit,
letzten Güte, letzten Macht stehen zu bleiben,
um deine Gedanken abzuschirren.
Du hast keinen fortwährenden Wächter und Freund
für deine sieben Einsamkeiten.
Du lebst ohne den Ausblick auf ein Gebirge,
das Schnee auf dem Haupte und Glut in seinem Herzen trägt.
Es gibt für dich keinen Vergelter, keinen Verbesserer letzter Hand mehr.
Es gibt keine Vernunft in dem mehr, was geschieht,
keine Liebe zu dem, was dir geschehen wird;

deinem Herzen steht keine Ruhestatt mehr offen,
wo es nur zu finden und nicht mehr zu suchen hat.
Du wehrst dich gegen irgendeinen letzten Frieden, –
Mensch der Entsagung, in alledem willst du entsagen?
Wer wird dir die Kraft dazu geben? Noch hatte niemand diese Kraft."
Soweit das Bekenntnis Nietzsches.

Und F. Dostojewski stellt in seinem „Großinquisitor" fest: „Was soll man denn viele Worte machen? Man kann ja gar nicht Mensch sein, ohne sich vor irgend etwas beugen zu müssen. Ein solcher Mensch, der sich nicht selbst beugen kann, kann sich selber auch gar nicht ertragen; und es gibt auch gar keinen solchen Menschen."

Das alles sind beachtliche Feststellungen über die vielseitige und weitreichende Verbindung, die besteht zwischen dem Menschsein und der religiösen Frage in ihrer Vielfalt. Das heißt, wenn ich Religion nicht nur verdränge, sondern mit allen Mitteln bekämpfe, ergibt sich eine Form menschlichen Vakuums.

2. Wir besitzen heute eine Geschichte der Religionen, in der eine Fülle von Material gesammelt und ausgewertet wird. Was besagt eine vergleichende Religionsgeschichte mit ihren vielen Themen zur Frage des Menschen und seiner Religion? – So weit heute ein Fazit möglich ist, lautet es etwa, daß der Mensch immer um sein Heil besorgt war und sein Heil durch göttliche Mächte suchte, in deren Händen er sein Schicksal wußte. Bittend und betend, opfernd und sühnend, sucht er jene göttliche Macht jenseits seines Lebensbereiches. Er versuchte, die Gottheit gütig zu stimmen, sucht Schutz vor allen Gefahren, und nicht zuletzt sucht er diese Mächte sich selbst dienstbar zu machen und durchwandert damit alle Höhen und Tiefen menschlichen Ringens und Versagens. Im Zwiespalt der guten und bösen, der grausamen und höheren Mächte war es schwer, für sich und die Seinen den rechten Weg zu finden. Masken und Skulpturen, versunkene Jahrhunderte, nicht selten mit den Zügen des Unheimlichen und Dämonischen, vermitteln eine Ahnung, mit welcher Zuversicht, aber auch mit welchen Ängsten, Stämme und Völker verschiedener Kulturen und Lebensstufen zu ringen hatten. Die Geschichte der Religionen umfaßt ja nicht nur das Positive, sondern auch das Negative, seine Fehlformen und krankhaften Erscheinungen, bis zum Menschenopfer an erzürnte Gottheiten.

Das Interesse an fremden Religionen hat in Europa seinen Ausgang genommen: Neue Disziplinen außerhalb der theologischen Fakultäten etablieren sich im westlichen Europa am Beginn unseres Jahrhunderts, wie: Religionsgeschichte, Religionsphilosophie, Religionsphänomenologie, Religionssoziologie und Religionspsychologie. Unter dem Einfluß der Aufklärung und des Rationalismus nahmen diese neuen Disziplinen eine kritische Haltung gegenüber dem Christentum insgesamt ein. In diese Zeit und in diese Umgebung gehört auch Freud mit einem neuen Menschenbild.

In den letzten Jahrzehnten ist die Religionswissenschaft angesichts eines immer umfassenderen religionsgeschichtlichen Materials und eines tieferen Eindringens in die Quellen und Ausdrucksformen religiösen Glaubens auch zu neuen Einsichten gelangt. Heute weiß man, daß Religion ein organisches Ganzes ist, in das man nur mühsam eindringen kann, um sich dort einigermaßen zurechtzufinden. Man kann nicht Teilaspekte herauslösen und sie mit anderen Religionen vergleichen, beziehungsweise durch psychische Mechanismen erklären.

Eine Religionssoziologie etwa hat die gesellschaftlichen Zusammenhänge, die gesellschaftlichen Aspekte von Religion und Kultur bewußtgemacht. Religion hat ihren jeweiligen Sitz im Leben und kann nicht wie ein Museumsstück betrachtet werden. Für frühere Generationen war es selbstverständlich, daß religiöser Glaube, daß Religion im Menschen wurzelt. Religion ohne Mensch ist etwas Totes, ist wie ein leeres Haus ohne Bewohner.

Hinterlassene Spuren müssen mit dem in Verbindung gebracht werden, von dem sie stammen, und das ist der Mensch. Heute sagt man: Die Wissenschaft der Religion ist eine Wissenschaft des religiösen Menschen. Wenn daher die persönliche Erfahrung in der eigenen Religion fehlt, ist die große Fülle religionsgeschichtlichen oder religionswissenschaftlichen Wissens oft ein totes Wissen. In Verbindung mit persönlicher religiöser Erfahrung kann es zu einer großen Bereicherung werden. So vermittelt eine vergleichende Religionswissenschaft nicht nur eine tiefere Erkenntnis des Menschen in den verschiedenen Zeiten und Kulturen, sondern führt auch zum Staunen über den Reichtum von Bildern, Formen in den Religionen vergangener Zeiten, die in der Geschichte des Menschen, der Völker und Kulturen ihren Ausdruck gefunden haben oder finden.

Die Frage, was der Mensch ist, steht heute wieder neu vor uns, und dies ist auch ein Ergebnis der allgemeinen Religionsgeschichte: Worin besteht sein Lebensziel, sein Lebenssinn, seine Verantwortung; – dies wird so zu einem Hinweis auf das schwer Ergründbare der menschlichen Existenz. Das heißt, es ist ein Fazit dieser Wissenschaft: Abhängig zu sein von, auf dem Weg zu sein zu einer jenseitigen Macht (Gott oder göttliche Mächte) gehört zur Wurzel menschlichen Seins. Die Frage des Todes, die Frage nach dem Woher und Wohin, ist mit dem Menschen in allen Zonen und Zeiten verbunden, ist hineingeschrieben in die Vielfalt menschlicher Kulturen, umkleidet vom bunten Wechsel menschlicher Lebensformen. Sie begleitet den Menschen vom Anfang seiner Geschichte, so weit unsere heutige Kenntnis reicht.

3. Das Zweite Vatikanische Konzil, das durch seine Öffnung zur Welt von heute größere Beachtung gefunden hat, stellt in seinem Dokument über das Verhältnis der katholischen Kirche zu den nichtchristlichen Religionen einleitend fest: „Alle Völker sind eine einzige Gemeinschaft, sie haben denselben Ursprung. ... Die Menschen erwarten von den verschiedenen Religionen Antwort auf die ungelösten Rätsel des menschlichen Daseins, die heute wie von je die Herzen der Menschen am tiefsten bewegen – Was ist der Mensch?; Was ist Sinn und Ziel unseres Lebens?; Welchen Sinn hat das Leid?; Und was ist der Weg zum wahren Glück? Was ist der Tod, ... was ist jenes letzte und unsagbare Geheimnis unserer Existenz, aus dem wir kommen und wohin wir gehen?" – Soweit der Text des Konzils, Nostra aetate, 1.

Aus meiner Erfahrung füge ich hinzu: Sich der Frage zu verschließen nach jenem unsagbaren Geheimnis, aus dem wir kommen und wohin wir gehen, bedeutet, ein menschliches Vakuum zur Kenntnis zu nehmen, das heute als Rastlosigkeit, Nervosität, Verwirrung oder als weltanschauliche Desorientierung größten Ausmaßes bezeichnet wird.

Und damit stellt sich die Frage nach dem Sinn, dem Sinn des Lebens oder des Daseins. Erst der Verlust des Sinnes hat zu dieser Frage geführt. Heute gehört die Sinnfrage zu den häufigen Themen der Philosophie, der modernen Literatur sowie der Psychiatrie. Eine sinnorientierte Psychotherapie Viktor Frankls hat eine neue Richtung als Logotherapie begründet.

Die Frage nach dem Sinn des Daseins ist nicht ident mit der Frage nach Gott, wohl aber führt sie in diese Nähe. Der Fragende kann sich nicht aufmachen, um irgendeinen Sinn zu finden, sondern er muß in der Lage sein, den Sinn für sich selber zu finden.

Die Logotherapie, die sich an der Sinnfrage orientiert, geht wohl mit Recht von der Voraussetzung aus, daß der Mensch nicht nur durch den Trieb des „Müssens", nicht nur durch die Macht des „Wollens", sondern durch Sinnfindung und Sinngebung, also durch die Kraft des „Sollens" charakterisiert ist.

In welcher Weise die Frage nach dem Sinn auch zur religiösen Frage, zur Frage nach Gott führen kann, zeigt Viktor Frankl in seinem Buch „Der unbewußte Gott" (S. 47 ff.). Die Existenzanalyse des Menschen lasse innerhalb der „unbewußten Geistigkeit des Menschen" auch eine „unbewußte Religiosität" im Menschen erkennen. Damit verbinde sich eine oft „latent bleibende Beziehung zum Transzendentalen". Und wenn Augustinus zur Zeit der Völkerwanderung in seinen „Bekenntnissen", in seinem Gottsuchen, bekennt: „Tibi loquitur cor meum", „Mein Herz sprach immer bereits mit dir", so könnte man dies auch aus heutiger Sicht als eine unbewußte Gottverbundenheit des Menschen als solchem verstehen.

Überall dort, wo man die Frage nach dem unsagbaren Geheimnis des Menschen radikal ausklammert, taucht das Gespenst der „Sinnlosigkeit" menschlichen Lebens auf. Und das wurde schließlich der Anstoß für Freud, jenes Tor zu öffnen, das zur großen Entdeckung des Unbewußten im Menschen geführt hat.

4. Die Beschäftigung mit existentiellen Fragen des Menschen, nach seiner religiösen Transzendenz, steht heute unerwartet und mit neuen Motiven vor der Tür. Die Frage nach dem Sinn, nach dem Weg, nach Transzendenz, klopft neu und stark an der Tür unserer säkularisierten, postchristlichen Welt. Das kulturelle Kleid des Menschen ändert sich, es wird heute vielfach durch die Medien bestimmt; aber der Mensch mit seinen Fragen aus existentieller Tiefe bleibt immer der gleiche.

In unserer sehr mobil gewordenen Welt stellt die Begegnung verschiedener Kulturen, die kulturelle und religiöse Pluralität, ganz neue Fragen: Das Ringen um den Frieden in unserer pluralen Welt, der religiöse Weg als Heilsfrage, die Wahrheitsfrage im interreligiösen Dialog – mit allem gegenseitigen Respekt –, dies deutet wieder auf eine neue Wende: Das heißt, Religion und Friede, Religion nicht nur als Wissen, sondern als Leben, Religion und die letzten Fragen menschlicher Existenz in Richtung Transzendenz und persönliches Heil wird in unserer europäischen Umwelt durch den religiösen Dialog auf eine neue Weise lebendig gemacht. Das begonnene Gespräch, der religiöse Dialog, der interreligiöse Dialog hat eine neue und weltweite Bedeutung gewonnen. Heute geht es nicht nur darum, eventuelle Spannungen und Gegensätze, Kämpfe in Verbindung mit Politik und Macht zu eliminieren, – ein neuer Gesichtspunkt ist aufgetaucht: Das Gespräch, der Dialog der Religionen kann in unserer unruhigen Welt dem Frieden neue Möglichkeiten eröffnen. Das Gespräch der Religionen im Sinne des Monotheismus beschränkt sich nicht nur auf

Europa, sondern ist heute weltweit geworden. Der interreligiöse Dialog dient einerseits der gegenseitigen Verständigung, andererseits dem Abbau von Mißverständnissen, Vorurteilen und Spannungen. Ein solcher Dialog bedarf des Respekts gegenüber der religiösen Welt des Gesprächspartners sowie der Aufrichtigkeit. Eine praktische Folge ist nicht eine Vermischung der Religionen, sondern vielmehr ein Ansporn, die eigene Religion besser und tiefer zu verstehen.

Eine überraschende Ausweitung erfuhr der interreligiöse Dialog durch eine persönliche Einladung Johannes Pauls II., des Oberhauptes der katholischen Kirche, an die großen Religionen der Welt zu einem Gebet für den Weltfrieden in Assisi. Damit sollte zum Ausdruck kommen, daß der Friede nicht nur eine Sache der Diskussion, der Konferenzen ist, sondern vor allem eine Sache der Gesinnungsreform des Herzens, die durch die Religion Ausdruck findet und im Gebet als Signal bewußtgemacht werden sollte. Auch das ist ein Weg zu einer vertieften Selbsterkenntnis, in Verbindung mit einem aufrichtigen und klugen Dialog.

Dies ist zu verstehen als Appell an die vielen, die sich als Christen oder als Angehörige anderer Religionen der versöhnenden, friedensstiftenden Macht ihrer Religion bewußt sein sollen. Das hat wohl mit Psychiatrie nichts zu tun; es sollte aber als Hinweis verstanden werden, daß religiöse Kräfte – im Gegensatz zu unserer säkularisierten, postchristlichen Welt – heute neue Aufgaben vor sich haben und eine neue Bedeutung gewinnen.

Und schließlich noch ein abschließender Hinweis auf ein – für beide Seiten – schwieriges Kapitel: Nach Ansicht von Freud und Nietzsche gehört der in den drei monotheistischen, im Christentum besonders ausgeprägte Begriff von „Schuld und Sünde", inmitten eines Meeres von unverschuldetem Leid, zu den krankmachenden, den Menschen erniedrigenden Faktoren (nach Freud: „Triebschicksal"). Dazu kann man oft den Vorwurf, speziell gegenüber dem Christentum, hören, daß es die Frohe Botschaft dadurch zu einer verdüsterten Botschaft gemacht habe. Psychoanalyse und Psychotherapie hätten daher heute gerade in diesem Zusammenhang eine erlösende, heilende Aufgabe zu erfüllen.

Dazu ist aus heutiger Sicht wiederum festzuhalten, daß sich auch in dieser Hinsicht manches geändert hat, dem sich die Psychotherapie auf die Dauer wohl schwer verschließen kann.

Die allgemeine Religionswissenschaft – (ich verweise auf die drei großen Bände von Pettazzoni und das umfassende Werk von Ricoeur) – weist heute ebenso auf ein umfassendes Material hin, aus dem hervorgeht, daß Schuld und Sünde ein gesamtmenschliches Phänomen umschließt. In der großen Vielfalt von Mythen und Erzählungen finden sich bei allen Völkern und in allen Kulturen ausführliche Deutungsversuche über Ursprung und Heilung von Schuld und Sünde, sowohl in der Welt der Götter wie der Menschen.

Der Schuldbegriff in seiner kosmologischen, aber auch individuellen, Ichsüchtigen Verflochtenheit steht in einer geheimnisvollen Weise mit der unheilvollen Urangst menschlicher Existenz in Verbindung.

Im Neuen Testament trägt Paulus viel dazu bei, daß der Begriff „Befreiung von der Angst vor den versklavenden Mächten" von einer Befreiung vom Tod zu einer Frohen Botschaft wird. Schuld und Sünde führen gerade im Christentum weiter zur Frage der Wiedergutmachung und der Vergebung.

In der Welt des christlichen Glaubens gewinnt mit dem Bewußtsein der Verantwortung in Freiheit das Gewissen als eine Zwischeninstanz eine immer größere Bedeutung. Das Zweite Vatikanische Konzil stellt dazu fest: „Das Gewissen ist die verborgene Mitte und das Heiligtum im Menschen, wo er allein ist mit Gott, dessen Stimme in diesem seinem Innersten zu hören ist. Im Gewissen erkennt man in ausgezeichneter Weise jenes Gesetz, das in der Liebe zu Gott und dem Nächsten seine Erfüllung hat. Durch die Treue zum Gewissen sind die Christen mit den übrigen Menschen verbunden im Suchen nach Wahrheit und zur wahrheitsgemäßen Lösung all der vielen moralischen Probleme, die im Leben der Einzelnen wie im gesellschaftlichen Zusammenleben entstehen." – Soweit der Text des Konzils.

Wenn aber die Seele krank ist, dann ist auch die orientierende Funktion des Gewissens beeinträchtigt.

Die vielen Formen krankhaften Schuldbewußtseins stellen den Psychotherapeuten vor vielfältige und schwierige Aufgaben. Hier wird die unterschiedliche Sicht des Begriffes „Seele" deutlich. Für den Psychotherapeuten steht der psychische Mechanismus, den man kennen muß, im Vordergrund. Der Theologe in der Seelsorge kann die Seele immer nur in ihrer unvergänglichen Dimension, in der Welt des Glaubens und in Verbindung mit Gott sehen.

Meine Frage ist nun: Sollten sich nicht hier, an diesem besonders kritischen Punkt, Psychotherapie und Religion begegnen, zusammenarbeiten, im Interesse des leidenden und unglücklichen Menschen, einen Dialog beginnen?

Beide, Psychotherapie und Religion, können viel voneinander lernen: die Religion von der Psychotherapie die vertiefte und erweiterte Kenntnis von den inneren Mechanismen und Lebensvorgängen; die Psychotherapie von der Religion die Grenzen menschlichen Könnens und Heilens.

Es konnte hier nicht meine Aufgabe sein, über das Fachgebiet der Psychotherapie zu sprechen. Meine Aufgabe sollte es sein, auf die Bedeutung der Religion auch für den Arbeitsbereich der Psychotherapie aufmerksam zu machen. Denn Religion geht alle Menschen an, nicht nur Spezialisten. Das Phänomen der Religion gehört zum vernetzten Urgrund menschlicher Existenz; es geht um existentielle Antworten auf letzte Fragen, nach Sinn und Ziel des Weges. Eine vertiefte, in die Tiefe führende Selbsterkenntnis stößt auf den nicht immer wahrgenommenen Urgrund menschlichen Leides und menschlicher Sehnsucht.

Aber die Seele des Menschen ist ein weites, schwer ergründbares Land, dessen Größe und Schönheit sich erst im religiösen Glauben ganz erschließt.

Eine Klosterfrau aus dem 16. Jahrhundert, die spanische Karmelitin und spätere Kirchenlehrerin Teresa von Avila, hat in einem ihrer Hauptwerke, der „Seelenburg", mit geradezu psychiatrischem Geschick die Wege und Umwege der menschlichen Seele auf ihrer Wanderung zu Gott beschrieben. Ich zitiere wörtlich: „Ich finde nichts", so schreibt sie um das Jahr 1577, „mit dem sich die große Schönheit einer Seele, ihre Weite und ihre hohe Befähigung vergleichen ließe. Und wahrlich, unsere Einsicht und unser Verstand – so scharfsinnig sie sein mögen – reichen schwerlich aus, sie zu begreifen, genausowenig wie sie Gott sich auszudenken vermögen; denn er selbst sagt, daß er uns schuf nach seinem Bilde." (Teresa von Avila, Die innere Burg, Erste Wohnung, Ausgabe 1966, S. 21)

Erhard Busek

Unterscheidung des Geistes

„Einstmals stürzte man sich in das Abenteuer Gott, doch jetzt, statt des unerschöpflichen Nichts, das er war, ist er – zur großen Verzweiflung der Mystiker und der Atheisten – nur noch ein Problem."

E. M. Cioran

Die Frage wird von vielen gestellt: Ist die Geistlosigkeit die Signatur unserer Zeit? Was ist der Geist der Zeit eigentlich und wie läßt er sich charakterisieren? Weder eine tiefe Gläubigkeit noch ein kämpferischer Atheismus haben offensichtlich Erfolg, wir behelfen uns mit dem Bild des Pluralismus, in der politischen Philosophie ist gar von einem Ende der Ideologien die Rede – wobei etwa der Zusammenbruch des Kommunismus, aber auch der Hinweis, daß wir im ersten nachchristlichen Jahrhundert leben, einiges davon sichtbar macht. Ein Bedürfnis nach weltanschaulichem Orientierungswissen, wie homogen und systematisch auch immer formuliert, hat aber nicht aufgehört zu bestehen. Der Mensch will über sich hinaus, er will Antwort, will Offenbarung aus diesem Übersichhinaus, das er selbst nicht mehr ist, das er aber denken kann – auch wenn es nur ein „unerschöpfliches Nichts" wäre, wie Cioran sagt. Der selbe Nihilist Cioran sagt an anderer Stelle: „Offen gestanden, kann man von irgend etwas anderem reden als von Gott oder sich selber?" Wenn man die pseudosakralen Züge politisch ideologischer, konsumistischer oder medialer Kultur registriert, wenn man die messianistischen oder apokalyptischen Formen des Sektenwesens betrachtet und dies alles als massenhaftes Gesellschaftsphänomen ernst nimmt, so kann man diese vielfältige Pseudosakralität nicht nur als Ausdruck der Geistlosigkeit beklagen, sondern muß sie auch als den verzweifelten Versuch werten, eben einen Ausweg aus dieser Geistlosigkeit und allumfassenden Profanität zu finden. Daß dieser irrtümliche Versuch, der wieder nur mit Enttäuschung enden kann, so massenhaft unternommen wird, stellt wieder eine ernste Frage dar – vor allem an die Theologie! Wie ist der Umgang mit dem Geist? Der Eindruck, daß sie ihr Depositum mit dem Heiligen Geist den Suchenden vorenthält, ist nicht von der Hand zu weisen.

Es ist aber nicht nur eine Frage an die Kirche, es ist genauso eine Frage an die Wissenschaft und die Universität. Diese Einrichtungen sind Wahrer des „kulturellen Gedächtnisses", sie sind mit der Weitergabe der Tradition, des von der Menschheit errungenen Wissens, beauftragt und zur Innovation berufen. Inwieweit die Geschichtslosigkeit auch Wissenschaftszweige erfaßt hat, kann hier nicht näher ausgeführt werden. Offensichtlich aber ist sie nicht in der Lage, sich in Verbindung mit der Bildung einer größeren Zahl zu vermitteln, was an sich für die Massendemokratie dringend notwendig wäre.

Wir Menschen haben das Talent, uns Krücken zur Bewältigung einer Situation zu nehmen. Paul Feyerabend hat uns den nüchtern-skeptischen Satz „Anything goes" hinterlassen und damit der Beliebigkeit ihr geistiges Fundament gegeben. Folgerichtig ist die „Chaostheorie"; bei einiger Phantasie läßt sich daraus auch Gesetzlichkeit und Geist ableiten, aber auch die ordnende Hand der „Fundamentalisten", die daraus ihre Berufung ziehen. Dazu gesellen sich auch noch ein paar andere moderne Konstrukte. Die ungeheure Geistbegabung des Menschen hat einen „Szientismus" sich entwickeln lassen, der in der Ablehnung von Tradition die Unterwerfung der Lebensprozesse unter „wissenschaftliche Prinzipien" und die Zukunftsvision einer Expertokratie der Herrschaftsklasse beinhaltet. Quasi als Kontrastprogramm ist es wieder ein „Romantizismus", der ein Plädoyer für Spontanität und die Sehnsucht nach Natur und Natürlichkeit, die Ablehnung „klarerer Rationalität in Denken und Handeln", das „Ende der Aufklärung" und die Entfremdung von der etablierten Gesellschaft predigt.

Diese Situation widerspiegelt sich in der Wissenschaftslandschaft, in der Aporie der Universitäten. Seit Odo Marquard die Frage „Wozu Geisteswissenschaften?" gestellt hat, ist diese Unsicherheit auch sichtbar geworden.

All das existiert nebeneinander und führt über eine „neue Unübersichtlichkeit" dazu, daß sich eine Ellbogengesellschaft breitmacht, die nach dem geistlosen Prinzip „jeder denkt an sich, nur ich denk' an mich" mehr und mehr dem „Sacro egoismo" das Wort redet. Der etwa von Charles Taylor vertretene „Kommunitarismus" – die Orientierung nach der Gemeinschaft, verwandt dem „bonum commune" der katholischen Soziallehre – ist wohl eine geeignete Antwort darauf, sie auch dem „Zeitgeist" entgegenzusetzen.

Apropos Zeitgeist! Dem Zeitgeist entspricht es, den Inhalt durch Verpackung zu ersetzen. Wir leben im Zeitalter des Design, der Seitenblickegesellschaft, eines falschen Ästhetizismus, wo entscheidend ist, wie etwas aussieht. Werbung ersetzt den Inhalt, Kleidung die Politik, die Aufmachung den Wert einer Sache. Dem Christen fällt das Wort der Schrift ein, daß der Glaube vom Hören kommt, sicher aber nicht vom Schauen. Bilder, Zeitungen und Bilderbücher aber prägen die Verkaufsstände, an die Stelle der Bibliotheken sind die Videobänder getreten, CD-ROM und was vielleicht die Datenhighways bringen können. Diese Kritik ist aber nicht der Ausdruck einer Technikfeindlichkeit, sondern der Hinweis auf die Verführung durch das Formale, Bildhafte, denn in Wahrheit kann ja auch Internet eine Chance sein, Botschaften an den Menschen heranzubringen.

Der Zeitgeist hat aber auch dazu geführt, daß der Geist in unserer Zeit nicht wohl gelitten ist. Manche in der Kirche haben etwa Angst vor Theologen und Wissenschaftern, die Politik liebt nicht die differenzierende Sprache oder die Herausforderung durch den Geist. Politiker sind stolz, nur ein Buch gelesen zu haben, die Sprachlosigkeit des Geistes (Intellektuelle) und die Sprachlosigkeit gegenüber dem Geist sind erdrückend geworden. Die Mächtigen und Wichtigen unserer Zeit, leider aber auch die Kirche, verstehen die Sprache „der Welt" oder „der Zeit" zu wenig und beherrschen sie zu schlecht, wie das etwa bei der Formulierung moralischer Normen und ethischer Anforderungen deutlich wird. Das Sprachproblem stellt sich viel grundsätzlicher, nämlich in der Weise, daß die Kirche ihre ureigenste Sprache, die Sprache des Heiligen, der prophetischen Botschaft und Verheißung nicht mehr sprechen kann – oder nicht mehr sprechen will. „Ein Zeichen sind wir, deutungslos / schmerzlos sind wir und haben fast / die Sprache in der Fremde verloren", so dichtete Hölderlin über die aus der Gottes- und Weltgewißheit gefallene Menschheit am Anfang der Moderne. Die Verse scheinen heute im besonderen Maße die Situation von Christentum und Kirche, aber auch der Welt zu treffen: Ein Zeichen, das sich nicht mehr deutet, nicht mehr weiß, wofür es steht: Empfindungslos, anästhisiert und anästhetisiert; sprachlos geworden im Exil eines fremden Idioms, das sie sich nur schwer aneignen kann („Mnemosyne" heißt übrigens der Titel dieser späten Ode Hölderlins – Bewahrung der Erinnerung, des Tiefengedächtnisses aus der Urzeit…). Liegt übrigens darin der Grund, warum wir uns im Verständnis der Geschichte und in der Gefahr des Mißbrauchs in einem politischen Historizismus so schwer tun? Aus einer Politik für die Massen ist eine Politik der Massen geworden. Notwendigerweise ist die Massenkommunikation ohne Beachtung des Qualitativen eine der entscheidenden Kennzeichen. Die Komplexität der Probleme aber macht eigentlich eine „gebildete Gesellschaft" notwendig.

Ich möchte nicht mißverstanden werden: Von mehr Menschen denn je werden Möglichkeiten der Bildungen genutzt, mehr Bücher denn je werden gedruckt und mehr Bildungs- und Weiterbildungsveranstaltungen besucht. Wir tun uns aber unendlich schwer, die Frage zu beantworten, welche Bildung – oder welche Bildung nach Orientierungen – es sein soll. Der Mensch in der Geschichtlichkeit der Schöpfung kann auf den Geist nicht verzichten. Die Idee vom „Ende der Ideologie" hat sich nicht nur als falsch erwiesen, sondern geht an der Wirklichkeit des Menschen vorüber. Edward Shils hat das 1972 trefflich formuliert: „As long as human societies afflicted by crisis and as long as man has an idea to be in direct contact with the sacred, ideologies will return." Wenn wir die Wiedergeburt des islamischen Fundamentalismus in den letzten Jahren betrachten, so bestätigt sich damit die Gültigkeit der Aussagen von Shils. Die relative „Ideologiefreiheit" der hochindustrialisierten Länder ist spätestens seit den Veränderungen von 1989/90 beendet. Relativer Wohlstand, soziale Sicherheit und technischer Fortschritt allein beantworten nicht alle Fragen. Weltdeutung ist angesichts der Globalisierung wieder gefragt.
Spannungselemente werden sichtbar, die geistige Konfrontation, aber auch die Notwendigkeit des Dialogs um die Rolle des Geistes in der Zukunft signalisieren.

Marktplatz und Tempel

Der Marktplatz bedeutet Leben, Gemeinschaft und Geschichte, Leistung und Wettbewerb, farbigen Wechsel, aber auch Egoismus bis hin zum Populismus. Marktschreierisch kann die Politik des Tages sein, das Hosianna und Cruzifige wohnen nahe nebeneinander. Der Markt ist aber auch der Ort der Demokratie, denn schließlich ist sie auf der Agora des alten Athen entstanden. Der Tempel wieder ist der heilige Ort der Werte und Ideale, der Ort des Besten. Die Hüter des Tempels sind eine Elite. Was muß es heute im Tempel geben? Wirtschaft allein wird nicht genügen, denn schon ringen wir um ein Bild von Europa. Religion ist heute der Säkularisierung unterworfen, was aber von ihr bleibt, ist eine Kultur des Zusammenlebens wie etwa die Menschenrechte und Demokratie.
Die Frage nach der politischen Kultur ist die Frage nach der Politik für die Zukunft. Nicht so sehr Technologie und Informationsgesellschaft wird es sein, die unsere Zukunft bestimmen, sondern Erziehung und Bildung, die schöpferische Kraft des Menschen. Carlo Mongardini meinte, daß zu einer vorhandenen „politique des industriels" eine „politique des intellectu-

els" kommen muß, eine „politique pour la culture". Der Platz der Theologie ist hier zu finden und auch dringend notwendig, es ist aber ein „auch" und „nicht nur".

Polyphonie und Kontrapunkt

Wie können diese Begriffe aus der Musik Anwendung auf die Kultur finden? Es geht eben nicht nur um Vielfalt, sondern auch um die Unwiederholbarkeit der Kultur. Die Renaissance denkt, malt, musiziert und baut anders als das Mittelalter. Petrarca erfindet sich seine eigene Sprache, um sich von Dante zu unterscheiden. In der Musik reden wir von den Neutönern, als Signal dafür, daß etwas anderes geschieht. Es gibt womöglich einen gleichen Aufbau, aber nicht ein Verbleiben bei Gehabtem. Europa ist es eigen, die „zweite Stimme" zum Cantus firmus zu finden. Guido de Arezzo spricht vom „Punctus contra punctum". Die weltliche Polyphonie entwickelt eine reiche Sprachenwelt, aber Musik lehrt Ordnung zu erkennen, nämlich das Erkennen des Ursprungs. Das ist das metaphysische Element der Musik, die uns die Größe der Schöpfung vermittelt, allerdings gibt es dafür immer einen Rahmen. Strawinsky meinte in seinem letzten Interview „Ohne Tradition gibt es keine Musik, sondern nur noch Plagiate."
Philosophie und Theologie stehen in einer Tradition, sie ist quasi ein Kontrapunkt zur gesellschaftlichen Polyphonie, in der die Menschheit lebt. Der Kontrapunkt muß gesetzt werden, denn sonst geht die Ordnung verloren.

Gedächtnis und Geschichte

Kultur ist abhängig vom Gedächtnis, von der Tradition. Eine Bildungspolitik der jüngsten Vergangenheit meinte, nur vermitteln zu müssen, wie man technisch mit dem Wissen umgeht, wo man nachschlagen muß. Wer aber die Zusammenhänge nicht kennt, kann mit dem Lexikon, der Bibliothek oder dem Internet gar nichts anfangen. Wenn wir in die Zukunft gehen wollen, müssen wir wissen, woher wir kommen. Offensichtlich ist der Mangel des heutigen Bildungssystems die Ursache dafür, daß so viele Menschen die Museen aufsuchen. Es ist die Suche nach der eigenen Geschichte, wohl auch die Angst vor der Zerstörung des kulturellen Guts, die angesichts der technischen Möglichkeiten unserer Zeit jederzeit geschehen kann. Der unglückliche Francis Fukuyama hat vom Ende der Geschichte gesprochen, wir aber erleben die Rückkehr der Geschichte, denn ohne Geschichte ist kein Teil Europas mehr verständlich. Wir sind in die Gleichzeitigkeit der Ereignisse geworfen. Die Welt der Information vermittelt uns Kenntnis von allem in der ganzen Welt, dennoch müssen wir erleben, daß es nicht einen Neonationalismus, sondern jenen alten häßlichen Nationalismus gibt, der jetzt aus dem Eiskasten des Kommunismus genommen wird und seine Kräfte im Osten Europas in zeitlich verschobenem Ablauf auslebt. Deswegen muß es nicht den „Clash of civilisations" geben, wie ihn Sam Huntington voraussagt. Eine Begegnung der verschiedenen Kulturen dieser Welt ist möglich, vor allem wenn wir wissen, wer wir selber sind. Dazu braucht es die Kenntnis der eigenen Geschichte, das Wissen um jene Mythen und Erzählungen, die Parabeln fürs Leben sind. Ich werfe der älteren Generation unserer Zeit vor, daß sie zu wenig Geschichte und Geschichten weitererzählt hat, genauso wie wir in der Kultur zu wenig von den Erzählungen wissen, die unser Europa ausgemacht hat, anderes hat uns das Hirn gefüllt.

Eine der großen Erzählungen bleibt die Schrift, die uns lehrt: „Der geistige Mensch beurteilt alles!"

Geist und Heiliger Geist

Für mich ist die Parabel des Geistes in der Welt, der Schöpfung Gottes mit dem Turmbau von Babel und dem Pfingstwunder geschrieben. In der Überhebung über Gott, im irdischen Werk, haben wir die Sprache füreinander verloren, während der Geist im Pfingstwunder bewirkt, daß die Apostel von allen Menschen in ihrer je eigenen Sprache verstanden werden, daß also dieser Geist weht, wo er will. Die Kirche muß ihn nicht aus sich selbst kreieren, sie muß nur vertrauensvoll ihr „veni creator spiritus" rufen. Sie muß freilich sich diesem Geist auch öffnen, wenn er ihr wieder feurige Zungen verleihen soll. Diesen schöpferischen Geist wird man nicht nur im kognitiven Wissen, abstrakten Denken und theoretischer Reflexion finden.

Sich dem Geist zu öffnen, heißt vor allem die Sinne zu schärfen, die anerzogene Kurzsichtigkeit, Schwerhörigkeit und Geschmacklosigkeit zu überwinden. Registriert denn die Kirche überhaupt das, was in Kunst, Literatur und Musik geschaffen wird? Nimmt sie davon irgend etwas zumindest zur Kenntnis, geschweige denn *wahr?* Damit ist nicht nur jene problematisch gewordene „religiöse Kunst" gemeint, wie etwa Chagalls Glasfenster in Reims oder A. L. Webbers Requiem.

Kunst macht heute auch ein ungeheures Vakuum sichtbar, das gerade das Fehlen des Geistes symbolisiert. Die ersatzweise Verrümpelung mit billiger Ikonen- und Hinterglasmalerei macht das nur umso deutlicher. Hat irgend jemand die wiederkehrende hermeneutische Kreuzessymbolik im Werk der Ingeborg Bachmann entdeckt – den anziehenden und immer wieder zurückwerfenden, nicht standzuhaltenden Schrecken, der von Menschen oder Dingen, die für sie die Gestalt des Kreuzes annahmen, ausgeht – eine Gewalt, die zunächst vernichtet, dann aber neues Leben, sogar Triumph vermittelt? Hat irgend jemand die tiefe Analogie bemerkt, die in der Exilliteratur steckt? Sie ist heute wohl eine der interessantesten, weil sie von jenen geschrieben wird, denen die Sprache genommen wurde, die in der Fremde leben, in fremdem Idiom Ausdruck finden müssen und dennoch durch ihre bewahrende Erinnerung die von Ungeist gewaltsam okkupierte Sprachheimat erhalten. „Geist und Kunst" ist nach wie vor eine der großen Fragestellungen, in der die Kirche im Moment überhaupt nicht existiert.

Wenn dieser Zusammenhang aber in seinem ganzen Ernst und in allen seinen Konsequenzen erst einmal theologisch begriffen ist, dann lautet die Frage für die Kirche nicht mehr nur: „Was hat uns die Kunst zu sagen?", sondern dann erhebt sich zusätzlich die radikale Frage, wer denn in diesem, von der Kunst subversiv offen gehaltenen Raum ein wahres Wort über den Menschen und seine Bestimmung zu sagen vermag. Wird es die Kirche, wird es das Christentum sein? Wer hat ein Wort aus der Wahrheit des Geistes? Ein Wort, das frei macht?

Aber die Frage geht an uns alle und ist keine institutionelle, sondern es ist die Frage nach der Konsequenz der biblischen Feststellung: „Der Geist ist es, der lebendig macht. Der Buchstabe aber tötet!" Geistige und geistliche Menschen (das müssen nicht Priester sein) müssen heute mehr denn je unermüdlich dem Geist auf der Spur sein, sich von ihm stellen lassen. Es braucht Menschen, die eine Botschaft des Geistes hören können und eine Botschaft des Geistes zu verkünden haben. Wie lautet die erste Seligpreisung wirklich? Selig die, denen der Geist abgeht, die sich mit der Geistlosigkeit nicht abfinden können. Die katholische/evangelische Einheitsübersetzung der deutschsprachigen Kirchen führt mit „Selig, die arm sind vor Gott" genauso in die Irre wie die frühere Übersetzung „Selig die Armen im Geiste". In der neuen Übersetzung ist das Lob der Armen geblieben, „vor Gott" wurde hinzugefügt, herausgefallen ist das Wort „Geist". Ein Hobbyphilologe hat mich darauf hingewiesen, daß das Wort „arm" den eigentlichen Sinn des griechischen Wortes „Ptochoi" nur sehr mangelhaft wiedergibt. Es heißt nämlich nicht bloß „arm" und schon gar nicht „bedürfnislos", sondern eigentlich „betteln um etwas", „bedürftig sein". So verstanden, wäre die erste Seligpreisung demnach keineswegs ein Lob der geistigen Armut, der Bescheidenheit, der Bedürfnislosigkeit, sondern fast im Gegenteil ein Lob derer, „die um Geist betteln", „die Bedürfnis nach Geist haben", die sich also nicht abfinden und abspeisen lassen mit der Geistlosigkeit, sondern von diesem Anspruch auf Geist nicht ablassen wollen.

Ich bin kein Exeget, aber wir sind stets darauf angewiesen, daß die Intellektuellen und Künstler, die Suchenden und Erkennenden sich selbst und der Gesellschaft immer wieder geistige Ansprüche stellen, sich nicht abfinden mit der Geistlosigkeit unserer Zustände, sondern in aller Unbescheidenheit auf die geistige Dürftigkeit und Geistbedürftigkeit unserer Zeit und unserer Welt hinweisen.

Die Begegnung mit Richard Picker verdanke ich meinen Jahren in der Katholischen Mittelschuljugend und Hochschuljugend. Ich habe ihn als eine geistige Herausforderung kennengelernt und jenseits der unterschiedlichen Wege und Ansichten immer geschätzt und geachtet. In der Unruhe des Geistes lebend, war und ist er immer auf der Suche und bereit, andere dabei mitzunehmen. Jeder von uns geht dabei Wege, von denen er nicht sagen kann, ob er ankommt. Hans Blumenberg hat immer dafür plädiert, Umwege zu gehen, denn nur wer sie geht, „komme auch wirklich am Ziel an". Was Richard Picker bisher getan hat, war und ist davon getragen, zu suchen und zu fragen – in der Unruhe des Geistes und dabei auch Menschen auf ihrem Weg zu helfen.

Augustinus K. Wucherer-Huldenfeld

Wort und Liebe
Zur Erinnerung an den Grundgedanken Ferdinand Ebners

Einleitung

Der in dieser Festschrift Geehrte ist in seinem therapeutischen Engagement nicht nur bestimmten Richtungen der Psychotherapie verbunden, deren anthropologische Grundlegung personal-dialogisches Denken einbezieht, sondern jemand, der aus eigenem Ursprung dieses Denken ausübt und schätzen gelernt hat. Daher sei einleitend auf die Notwendigkeit einer Verbindung von Psychotherapie und ihrer Grundlegung in einem personal-dialogischen Denkens, wie es Ferdinand Ebner hervorragend bezeugt hat, hingewiesen.

Ebner lebte bekanntlich als Volksschullehrer in Gablitz im Wienerwald und starb mit 49 Jahren, in seiner Bedeutung noch kaum erkannt, 1931. Ich halte ihn unter den Denkern Österreichs für den, dessen Denken durch seine Tiefgründigkeit am weitesten reicht.

Keine Therapie ohne anthropologische Grundlegung

Ob Psycho-therapie psychoanalytisch, personzentriert oder transpersonal, existentiell oder systemisch, körper- oder bewegungsorientiert oder sonstwie ausgerichtet ist, immer geht es TherapeutInnen um das Wohlergehen und Wohlbefinden ihrer KlientInnen/PatientInnen. Diese begegnen ihnen vor aller Aufspaltung in somato-psycho-soziale Dimensionen aus dem Ganzen ihres Weltbezugs, der auf irgendeine Weise beeinträchtigt oder gestört erscheint und verändert werden will. Was in der therapeutischen Beziehung „artifiziell" wiederholt wird, ist das, worum es den Betroffenen außertherapeutisch auch sonst geht, um ihr leibhaftiges Sein mit Anderen, um das ihnen mögliche Zueinander in persönlicher Anwesenheit, wobei sie des Ganzen ihres Weltaufenthaltes in und aus dem Bezug zu Anderen inne sind.

Wenn hier vom „Ganzen" die Rede ist, so meint das nicht eine Vor-stellung, die wir zwischen uns und unsere Selbsterfahrung schieben, keine Ordnungsidee zur Kontingenzbewältigung, die angesichts der Unüberschaubarkeit des Pluralen und Divergierenden zu Recht „postmoderner" Kritik verfällt, sondern die Rede vom Welt*ganzen* und Selber*ganzsein*-können schöpft aus unhintergehbarer Erfahrung: aus dem Gewahrwerden (*awareness*) unserer Zugehörigkeit zu unserer Mit- und Umwelt.

Verlassen wir die Welt der großen Daseinsdeutungen, der meta-physischen Erzählungen und auch der theoretischen Konstrukte psychotherapeutischer Schulen, setzen wir sie vorläufig in Klammern, um einen unerschütterlichen Boden für weitere Überlegungen zu finden. Rufen wir uns zurück auf unser schlichtes Anwesendsein, insoweit wir *in* der Welt (d. h. immer schon mit ihr vertraut) in leibhaftiger Offenständigkeit da sind, und zwar unausweichlich mit oder neben Anderen, für oder gegen sie, so gelangen wir auf einen Boden („Grund"), der verschiedenste, ja widerstreitende Deutungen, Konstrukte, Erklärungen erst möglich macht, selbst aber unbestreitbar ist. Dieses Da-sein oder Anwesen im Verhältnis zur Um- und Mitwelt ist nicht eine Behauptung über An- oder Abwesendes, die man grundsätzlich bezweifeln kann, weil dessen kontradiktorisches Gegenteil auch wahr sein könnte. Es ist überhaupt keine Tatsachenfeststellung oder Beobachtung, die es mit Vorhandenem oder Zuhandenem zu tun hätte, weil alles Konstatieren von etwas, das uns vorliegt und begegnet, im voraus dazu das Offensein und die Offenheit in Anspruch nimmt, in der wir miteinander in der Welt da (d. h. anwesend, nicht nur Anwesende!) sind.

Als offenständig Existierende (d. h. solche, die sich zum Offensein der Welt verhalten) gewahren wir, daß wir unter dem Zu- und Anspruch (Logos) des Weltganzen in der unermeßlichen Mannigfaltigkeit dessen, was faktisch, notwendig und realmöglich *ist*, stehen. Dabei kommen wir gar nicht darum herum, uns als menschliche Personen zu verstehen, die sich immer (im Wachen wie im Träumen) zum Weltganzen verhalten müssen, am Universum teilnehmen, und zwar indem wir in irgendeiner Zugehörigkeit zu Anderen, die diesen Weltbezug vermitteln (oder vermittelt haben), stehen. Es gibt da keine Möglichkeit, sich nicht zu verhalten, was auf ein Nichtexistieren hinausliefe.

Die Erfahrung, daß uns miteinander im Verhältnis zur Welt und unter ihrem Anspruch zu sein zukommt, impliziert die weitere Erfahrung, daß es uns in diesem gewahrend-vernehmenden Sichverhalten um das Anwesen mit Anderen in der Welt geht, hat doch jede(r) selbst unter diesem Anspruch des Ganzen in der jeweiligen Situation und am jeweiligen Aufenthaltsort (oîkos) auch Sorge und Verantwortung für sich und Andere zu übernehmen und zu tragen.

Damit erhebt sich die Frage, ob nicht ein solches ausdrücklich-reflexes Sichverstehen von PsychotherapeutInnen auf das, worum es im Anwesen mit Anderen geht, nämlich um das „personale Sein" – das der Anderen ebenso wie das eigene –, nötig ist für das therapeutische Geschehen und die Ernstnahme der Klienten/Patienten? Kann auf eine Explikation des Selbstverständnisses hinsichtlich der Fragen, wer oder was oder warum wir eigentlich und im Grunde sind, verzichtet werden? Sind wir, wer oder was wir alltäglich selbst sind, auch eigentlich selbst? Muß dieses Sein des eigentlichen Selbst nicht stets und erneut das Frag- und Denkwürdige bleiben? Genügt es, sich auf partikuläre Behandlungsziele (wie die Beseitigung oder Milderung bestehender Symptome, die Änderung bestimmter gestörter Verhaltensweisen und Einstellungen sowie die Förderung der Reifung, Entwicklung und Gesundheit des Behandelten) zu beschränken? Wenn diese partikulären Behandlungsziele wichtig sind, dann doch nur deswegen, weil es dem Klienten/Patienten um sich selber, um seinen Weltaufenthalt mit Anderen geht. Aber wer ist er, daß es ihm um ihn selbst geht? Warum geht es um ihn? Worin hat dies seinen Grund? Und wie sollte therapeutisch verantwortungsvoll etwas geschehen, wenn die Frage nach dem, wer und was jemand im Grunde ist, notorisch ausgeklammert oder irgendwelchen bequemen Verabredungen (Schulkonventionen) überlassen wird?

Man kann vom Menschen als einer *Black Box* reden und sein Sichverhalten in der Metaphorik der Fernmeldetechnik durch meßbare Ein- und Ausgaberelationen (*input-output relations*) beschreiben.[1] Die Fruchtbarkeit dieses berechnenden Vorgehens sei unbestritten, nur erscheint mir die Begründung, mit der man für die Enthaltung bezüglich der Wesensfrage nach dem Menschen votiert, zweifelhaft. Sie lautet: Für die Untersuchung der Funktionen, die das Gerät als Teil eines größeren Systems ausübe, sei „dieses Wissen [um die ‚Existenz der Seele'] nicht wesentlich", auch würden Ein- und Ausgaberelationen lediglich Schlußfolgerungen zulassen, wie es im Inneren des Gerätes „wirklich" zugehe und eine Seele „ihre Arbeit" tue. Diese Argumentation zugunsten der Praktikabilität der Psychotherapie ist (abgesehen von der Verfremdung menschlicher Phänomene durch technische Metaphern) völlig richtig, wenn man sich am nahezu unausrottbaren Vorurteil orientiert, daß mit der Seelenhypothese ein unserer Selbsterfahrung entzogenes und verborgenes Seelending gemeint sei. Aber läßt sich die Erfahrung abschütteln, daß wir Wesen sind und als solche bestehen, die sich leibhaftig (d. h. persönlich) gestimmt und vernehmend-offen zur Welt verhalten? Und daß wir diese Verhaltensmöglichkeit *selbst* zu vollziehen vermögen? Und daß wir in aller Kommunikation persönlich anwesend sind, nicht nur etwas, sondern uns *selbst* mitteilen und uns *selbst* zu verständigen vermögen über das, was uns *selbst* gemeinsam aus der Welt her (die kommende und gewesene miteingeschlossen) angeht? Ist damit nicht das weltweite Wesen des Menschen (d. h. seine „Seele") und der Selbstvollzug dieses seines Wesens, eben sein Selbstsein (d. h. sein Personsein) als etwas angesprochen, dessen wir inne sind und das wir, längst bevor wir uns um eine reflexe Erkenntnis des Wesens und Personseins bemühen, immer schon kennen?

Relationales Personverständnis

Das abendländische Personverständnis ist aus der Begegnung des jüdisch-christlichen Daseinsverständnisses (prosopographische Exegese, Trinitätslehre, Christologie) mit der griechisch-römischen Welt hervorgegangen.[2] Es hat sich zunächst theologisch und später auch philosophisch artikuliert. Mittelalterliche Philosophie suchte durch eine Vielzahl von Definitionen genauer zu fassen, was Person sei. Man kann diese Definitionen zwei Haupttypen zuordnen, einem substantivischen und einem relationalen: Der substantivische Typus hebt das singuläre und selbst-ständige (das „substantivische") Wesen des Menschen hervor. Die/der Einzelne als Subjekt der Menschenrechte gilt gesellschaftlich als höchster „Wert", das heißt, die einzelne Person ist das, was in der Gesellschaft anzuerkennen und zu achten ist, und wird so de facto zum Orientierungs- und Entscheidungsmaßstab für soziales Handeln. Der andere relationale Typus betont gleichfalls die Einmaligkeit, Unersetzbarkeit und Unvertretbarkeit (Inkommunikabilität) eines solchen selbständigen Wesens, hebt aber zugleich hervor, zum Personsein gehöre, den Ursprung von einer anderen Person her zu haben. Das Sein der Person wird somit relational verstanden. Relation ist heute ein farbloses Modewort, das deshalb so beliebt ist, weil man sich Beziehungen mühelos zwischen allem und jedem vorstellen kann. In unserem Zusammenhang meint Relation etwas ganz Bestimmtes, ein *esse ad* (wörtlich übersetzt: ein „Sein zu...") das Einander-Zugewandtsein, also ein offenständiges Sichverhalten zu Anderen und von Anderen her. Das In-Beziehung-Anwesen und -Anwesenkönnen ist somit konstitutiv für die/den Einzelne(n).

Nach den anthropologischen Grundentwürfen von Hobbes bis Freud[3] sind menschliche Individuen (Personen) primär isolierte Einzelwesen, die erst nachträglich zu ihrer Konstitution im Geburtszustand kulturell sozialisiert werden müssen. Überlebensnotwendige Beziehungen werden nachträglich geknüpft. Wechselbeziehungen (Interaktionen, Austausch) zwischen Handlungspartnern, die einander brauchen, kommen dann zustande. In den Bahnen dieses individualistischen Denkens hält sich meist auch ein Personverständnis, das die Würde der Person in der Vernunft und Freiheit des jeweils vereinzelten selbst-ständigen Seienden (*sub-stantia*) erblickt, wobei der ausgezeichnete Bezug, in dem wir selbst von Anderen her und durch Andere sind, und uns daher auch zu ihnen verhalten können, ausgeklammert wird. Denkt man indes Person im Ansatz individualistisch als singuläres Wesen, dann übersieht man, daß *narzißtische* Selbstbezogenheit ein reaktives Defizit darstellt, und naturalisiert sie zur Primärgegebenheit. Was aber zur „Natur" des Menschen gehörig erachtet wird, bleibt nicht folgenlos, sondern geht „subkutan" in den Lebensentwurf und in das Therapieziel mit ein.

Mit dem Bezug von Anderen her und zu ihnen hin ist nicht nur die psychotherapeutische Selbstverständlichkeit angesprochen, wonach jede(r) Klient/in als Frau und Mann (unter somato-psycho-sozialen Gesichtspunkten) lebenslang das Kind von Eltern bleibt und das auch noch, wenn und wann immer sie/er zu Anderen in Beziehung treten oder gar Vater bzw. Mutter wird. Vielmehr macht es im „mikrosoziologischen" Bereich einen wesentlichen Unterschied aus, ob im jeweils Anderen nur so etwas wie meinesgleichen, jemand wie ich (ein anderes Ich), vorfindlich ist, mag es bei noch so großer Ähnlichkeit immer auch anders, immer unähnlicher sein und sich einem Verfügenwollen über es entziehen, oder ob das jeweilige Selbstsein des Menschen aus der Möglichkeit des Für-einander-seins im Tragen von Sorge und Verantwortung erschlossen wird, und das persönliche Zueinandergehören die weiteren (makro)sozialen Möglichkeiten, in Beziehungen einzutreten und in ihnen zu existieren, bestimmt.

Philosophische Entwürfe, die wie bei *Ferdinand Ebner, Eugen Rosenstock-Huessy, Franz Rosenzweig, Martin Buber, Gabriel Marcel, Ludwig Binswanger* und *Fridolin Wiplinger* das Personsein relational, vom Aufeinanderbezogensein her verstanden haben, scheinen mir zu Unrecht in Vergessenheit geraten zu sein. Ihnen kommt heute im Aufwind gegenläufiger individualistischer Tendenzen, die das Personsein in seiner pluralistisch-privatisierenden Vereinzelung, in monadischer Subjektivität und Inkommunikabilität einzementieren, größte Bedeutung zu – insbesondere

auch für die psychotherapeutische Theorie und Praxis. Die nachfolgenden
Überlegungen beschränken sich auf den Grundgedanken von Ferdinand
Ebner, der hier repräsentativ für alle das Personsein relational verstehen-
den Denker stehen mag.

Im folgenden soll an Ebners Grundgedanken erneut erinnert werden[4], und
zwar unter dem Titel „WORT UND LIEBE", ein Titel, den die Malerin und
Dichterin *Hildegard Jone* den Aphorismen aus dem Todesjahr Ebners
1931 gegeben hat.[5] Berücksichtigt wird hierbei nur die sogenannte pneumatologische Periode des Ebnerschen Denkens, die mit dem Ende des Ersten Weltkrieges einsetzte und in der seine Philosophie ihre wichtigste und
endgültige Gestalt annahm. Die wenigen nachfolgend angeführten Textstellen sind hauptsächlich den Notizen und Tagebucheintragungen Ebners
entnommen, die stilistisch epigrammatisch wie gemeißelt dastehen und
einer besinnlichen Auslegung bedürfen.

Denken des Grundes und des Ganzen

Mit Grundgedanken meine ich keine gedankliche Vorstellung, aus der wir
ersehen könnten, wie dieser Ebner damals gedacht hat, sondern vielmehr
das, worum es ihm im Grunde seines Denkens ging, das, was ihm zu denken gegeben hat und uns zu denken geben kann: das, was ihn als die wesentliche Aufgabe seines Denkens in Anspruch genommen hat.

Von dieser Aufgabe sagt Ebner in der Tagebucheintragung vom 6. September 1921: „Den Umstand, daß der Mensch das Wort hat, daß er ein
sprechendes Wesen ist, erachte ich als das bedeutsamste, ergründungswürdigste Moment in der ganzen menschlichen Existenz."[6] Der Mensch
also als sprechendes Wesen: Es geht um den Menschen[7], vordergründig
um Anthropologie oder Sprachphilosophie. Doch wieso soll ausgerechnet
das Wort-Haben und ein sprechendes Wesen zu sein das ergründungs*würdigste* Moment sein? Was ist damit gemeint und was nicht?

Es geht nicht um Ergründung der Sprache – *in* der wir sprechen: die re-
gelgeleitete Strukturganzheit von Zeichen, die jeden von uns überlebt. Ein
solcher Strukturalismus klammert den Menschen, das jeweils sprechende
Wesen, aus. Auch geht es nicht um ein postmodernes „Gründen" in einander divergierenden, widerstreitenden Diskursarten, deren ereignishafter
Gang von Satzverkettungen uns so vorgängig ist, daß wir in deren Spiel
nur vorübergehend eintreten, und auch nicht um ein Sprechen, das primär
Kommunikation besagt, etwas hinüberbringen, Austausch, Sichverständi-

gen oder performativ ein wirksames Handeln ist, das etwas in Gang setzt. Diese Sprachtheorien greifen alle zu kurz. Ebners Denken (und ebenso das der anderen großen personal-dialogischen Denker) ist nicht dem *linguistic turn* in der Philosophie des 20. Jahrhunderts zuzuordnen. Eher kann es als kritische Gegenbewegung dazu verstanden werden. Und schon deswegen ist es höchst aktuell.

Nun sagt Ebner, daß das Sprechen und Wort-Haben[8] das *bedeutsamste* Moment eben der menschlichen Existenz sei; also nur im Blick auf seine Existenz liegt „im Wort der Schlüssel"[9], ist es Schlüssel- und Ausgangsphänomen für Ebners gesamtes Denken und somit das *der Ergründung Würdigste*. Ergründen heißt hier (noch bevor stichhaltige Argumente für die Annahme oder Ablehnung von Aussagen formuliert werden können), einer Sache auf den Grund gehen, der sich mit ihr mit-zeigt, auf den Grund, der sie trägt, kommen, diesen gründenden Grund übernehmen, auf ihn bauen, als gründenden Grund walten lassen.[10] Dadurch können wir ihn schließlich auch einander mit-sehen lassen, phänomenologisch auf- und beweisen.

Der zu ergründende Grund, nach dem gefragt wird, ist *das sich selbst mitteilende „personale Sein"*[11] und nicht die Sprache (Sprechfähigkeit, Sprachhandlung, Sprachmaterial, Zeichensystem usw.). Befragt wird der Mensch als existierender, d. h. als selbstverantwortlich sich verhaltendes Wesen, und zwar insoweit er „ein *sprechendes* Wesen" ist und „das ‚Wort' hat". Redenkönnen, über etwas reden, zu jemandem reden und angeredet werden ist einer „objektiven", d. h. einer überprüfbaren und verbindlichen Erkenntnis zugänglich. Zugleich ist dieses Redenkönnen und Reden der für diese Erkenntnis zugängliche *Ausdruck* der zu ergründenden *personalen Beziehung,* also ein Enthüllen, ein In-Erscheinung-Treten ebendieser Beziehung.[12]

Ein *sprechendes* Wesen sein und das *Wort haben,* kommt also zunächst nur als das *befragte* Ausgangsphänomen in Frage. Hingegen ist das, wonach gefragt wird, das *Gefragte,* nicht so sehr die Sprache, sondern der Grund, Ursprung und Anfang menschlichen Daseins: „Die Frage nach dem Ursprung der Sprache hat in ihrem letzten Grunde den Sinn der Frage nach dem Ursprung des Menschen."[13] Das *Erfragte* ist das zu Ergründende, der Grund, in dem die „ganze menschliche Existenz" gründet. Ich hebe hier hervor, daß es um den gründenden Grund für *das Ganze menschlicher Existenz* geht, diese in ihrer größten Tiefe und Weite verstanden.[14] Im Verhältnis zu ihr soll das Sprechen und Worthaben deswegen das „ergründungswürdigste Moment" sein, weil dadurch der Ursprung des Menschen (in den Dimensionen der Menschheit und der Welt) erfragt wird. Warum mit dem Fragen nach dem Sprachursprung der Ursprung erfragt wird, mag jetzt noch undurchsichtig sein. Aber soviel kann gesagt werden: Der Sachintention nach kann man diesen Ursprung auch letzten oder anfänglichen Grund (principium, arché) nennen. Insofern Ebner die verschollene Dimension des letzten Grundes zu denken gibt, erweist sich sein Denken als Grund- und Ursprungsdenken, das von jedem spezialwissenschaftlichen Gegenstandsdenken, wie es den Sprach- und Kommunikationswissenschaften eigen ist, abzuheben ist. Durch dieses anfängliche Denken, dieses Grunddenken ist Ebner der Denkgeschichte der abendländischen Philosophie, der frühgriechischen und der metaphysischen, verbunden, eine Verbindung, die nicht übersehen oder abgeschwächt werden darf, will man Ebners kritische Auseinandersetzung gerade mit der bisherigen Philosophie – insbesondere der Metaphysik sowie auch der christlichen Theologie – verstehen. Auseinandersetzungen verdecken oft, daß sie nur möglich sind, insofern es um ein Gemeinsames geht.

Pneumatologisches Existenzverständnis

Existenz als personales Verhältnis

Ebner spricht meist terminologisch vom *Existieren* des Menschen und von menschlicher oder individueller *Existenz* wie von etwas, dessen Bedeutung als bekannt vorausgesetzt werden kann.[15] In den pneumatologischen Fragmenten („Das Wort und die geistigen Realitäten") bestimmt er die „menschliche Existenz" näher: Sie habe „in ihrem Kern überhaupt eine geistige, das heißt, eine in ihrer natürlichen Behauptung im Ablauf des Weltgeschehens sich nicht erschöpfende Bedeutung", und dieses Geistige *im* Menschen sei „wesentlich dadurch bestimmt, daß es vom Grund aus angelegt ist auf ein Verhältnis zu etwas Geistigem *außer* ihm, *durch* das es und *in* dem es existiert".[16] Für dieses Existenzverständnis der pneumatologischen Periode Ebners steht die Rezeption *Kierkegaards* außer Frage. In ihrem Zentrum steht Kierkegaards *Anti-Climacus*, Die Krankheit zum Tode, die Ebner 1916 „das tiefste Buch der Welt" nennt[17] und sagt: „Das Geistige im Menschen ist ein ‚Verhältnis' ([…] ein ‚Verhalten' in Freiheit). Ein Verhältnis, das wie Kierkegaard (in ‚Die Krankheit zum Tode') sich ausdrückt, ‚sich zu sich selbst verhält und sich in diesem Zu-sich-selbst-Verhalten zu einem anderen verhält'."[18]

Der Mensch existiert nach Kierkegaard nicht wie ein naturwüchsiges Seiendes als ein apersonales Etwas: *das* einzelne, sondern als Jemand, als *die/der* Einzelne. Dessen Existieren meint nicht irgend etwas für jemanden gegenwärtig Wirkliches, nichts Gegenständliches oder etwas feststellbar Vorhandenes, sondern geistige Subjektivität, d. h. ein Sich-selbst-Verhalten, ein Stehen im offenen Bezug, und zwar zunächst einmal als Verhältnis zu sich selbst, als um sich Wissender, als Bei-sich-sein, als Bewußtsein im Bezug auf sich, als Selbst-bewußtsein: als (in der Übernahme seiner selbst) sich frei wollendes Seiendes. Später sagt Kierkegaard dafür einfach „das *Selbst*": „Geist ist das Selbst." Daher *Existenz*-Philosophie als Denken des Selbstseienden.[19]

Das Verhältnis, in dem sich der Sichverhaltende frei zu sich verhalten *kann* als sich selbst Bestimmender, als sich selbst Setzender, ist aber kein ursprüngliches, sondern „ein abgeleitetes Verhältnis", ein „gesetztes", weil es, wie Kierkegaard hervorhebt, in einem anderen gründet, weil es den tragenden Grund in demjenigen hat, der es setzt, nämlich in der Setzungsmacht Gottes.

Kierkegaard sagt: „Dies ist nämlich die Formel, die den Zustand des Selbst beschreibt, […] indem es zu sich selbst sich verhaltend es selbst sein will, gründet sich das Selbst sich selbst durchsichtig [d. h. verstehend] in der Macht, die es setzte."[20] Das philosophisch und theologisch Ungereimte an dieser Aussage Kierkegaards fällt nicht leicht auf; es liegt in der Bestimmung des Verhältnisses von Gott *als Setzungsmacht* zur menschlichen Existenz. Kierkegaard rezipiert hier das skotistische, gemeinscholastische und auch noch *Kant* und *Hegel* bestimmende Existenzverständnis: *Existentia* ist das außerhalb der Ursache(n) Gesetzte, die reine Position, das, was faktisch der Fall ist, das Vorhandene – ein völlig anderer Existenzbegriff als der vorhin genannte der sich frei bestimmenden menschlichen Existenz. Diese Annahme eines Seins des Menschen als das außerhalb der ursächlichen Macht Gottes Gesetzte ist jedoch aus mindestens zwei Gründen problematisch und steht zudem im Widerspruch zur klassischen Theologie:

1. Ist Existenz die reine Position, bloßer Zustand der Wirklichkeit eines Seienden, das außerhalb seiner Ursache gesetzt ist, dann bedeutet die Existenz des Geschaffenen nichts anderes, als völlig durch Gottes Setzungsmacht bestimmt und abhängig sein, ganz im Gegensatz etwa zu *Thomas von Aquin, Meister Eckhart, Nikolaus von Kues.* Schöpfung als erschaffen (*creare*) wird hier philosophisch interpretiert als ein Sein geben (*dare*

esse), d. h. stiften des Seienden auf Grund des ihm zu eigen gegebenen Seins, dem Anwesenden die Selbstmächtigkeit des Anwesens schenken, gründen und begründen des Seienden in einem ihm jeweils zu eigen gegebenen Sein. Demgegenüber heißt Gesetztsein: Das geschaffene Seiende hat den Grund seiner Existenz nur außer sich; es besteht ohne Sein, das ihm als eigener Grund zu sein gegeben wäre; es besteht nur in schlechthinniger Abhängigkeit, heteronom, außengelenkt. Die spätere Kollision zwischen dem neuen menschlichen Verständnis der Existenz als Selbstursprung aus dem Freiheitsursprung (*ex-sistere*) im Existentialismus und einem Gottesverständnis, dem zufolge Gott den Menschen einfach außer sich in den Zustand der Aktualität versetzt, ist vorprogrammiert: Existentielle Selbstbestimmung schließt totale Abhängigkeit von Gott aus. Es kann einem niemand mehr erzählen, daß es eine solche Abhängigkeit gibt.

2. Ist der Mensch der außerhalb der urhebenden Macht Gottes Gesetzte, dann ist umgekehrt das menschliche Verhältnis zu Gott ein Verhältnis zu einem Anderen *außerhalb* der Menschenwelt. Den Menschen als Produkt eines willentlichen Setzungsaktes Gottes nach außen anzusehen, verdeckt die Immanenz (das „Drinnenbleiben", Innesein) alles Geschaffenen in Gott. So sagt zum Beispiel Meister *Eckhart*[21]: Gott „schuf gewissermaßen alles, nicht außer sich, wie es sich die Unvernünftigen irrtümlich einbilden, sondern alles, was Gott schafft oder wirkt, das wirkt er, alle Bereiche in sich umfassend, in sich, das schafft er in sich, das sieht oder erkennt er in sich, das liebt er in sich; außerhalb seiner wirkt er nichts, weiß oder liebt er nichts. Und dies ist Gott selbst eigentümlich." Bei Eckhart und anderen großen Theologen des Mittelalters ist das In-sein der Schöpfung in Gott überdies ein Sein in seinem Wort. Die geschaffenen Dinge sind *verba in verbo et de verbo*. Schöpfung hat als Wort des göttlichen Wortes durch den Geist am Vater teil.

Die genannte philosophisch-theologische Problematik war Ebner zwar nicht bekannt; er formuliert dem Anschein nach ähnlich wie Kierkegaard, daß das Geistige im Menschen „vom Grund aus angelegt ist auf ein Verhältnis zu etwas Geistigem *außer* ihm, *durch* das […] es existiert", aber zugleich hebt Ebner hervor, daß das Geistige „*in*" jenem Geistigen ist, durch das es existiert.[22] Wir rühren hier schon an den Gedanken der liebenden In-Existenz im Anderen (Ich in Dir, Du in mir): Das Ich existiert „in seinem Verhältnis zum Du (*in* dem und *durch* das es existiert)"[23] und (nach dem „Grundgedanken") sind Ich und Du in der „Innerlichkeit" des Wortes gegeben.[24] Sachlich, aber nicht dem Wort nach, erinnert das an mittelalterliche Verständnisweisen von Person z. B. bei *Richard von St. Viktor* oder *Albert dem Großen.* Sie verstanden unter der *ex-sistentia* des Menschen das Bestehen (*sistere*) eines vernunftbegabten Wesens von (*ex*) einem Anderen her im Sinne einer Ursprungsbeziehung (*origo*), also das Freigegebensein zur Selbst-ständigkeit eines in unvertretbarer und´unersetzbarer Einmaligkeit bestehenden Wesens. Das personale Sein wird nicht vom Ich-Subjekt ausgehend konstituiert, sondern verdankt sich der Zuwendung von Anderen her (*esse ad*).[25]

Daß für Personen die Relation, der Bezug von Anderen her, konstitutiv ist, hat Ebner gegenüber der individualistischen und der neuzeitlichen vom Subjekt ausgehenden Auffassung vom Menschen neu entdeckt. Die offenbarungstheologische und philosophische Tradition des relationalen Persondenkens war Ebner noch nicht bekannt. In der Neufassung dieses relationalen Verständnisses des Menschen beruht die Aktualität seines personal-dialogischen Denkens.

Ebner nennt nun das Geistige im Menschen „*das Ich*" und das Geistige, im Verhältnis zu dem der jeweils Ich-Sagende existiert, „*das Du*". Das ist wissentlich eine indirekte und abstrakte, *substantialisierende* Ausdrucksweise, denn konkret ist mit einem „das Ich" gemeint, daß jeweils ich selbst es bin, der zu Dir spricht, und mit einem „das Du", daß Du selbst es bist, den ich anspreche und zu dem ich spreche – und der umgekehrt mich anspricht.[26] Existenz ist also ein Verhältnis. Existieren besagt, in einem Verhältnis zum Du sein, selbst offenbar und offen mit- und füreinander anwesen und so *im* Du sein, aber auch durch das Du sein, in ihm gründen.

Das biblische Geistverständnis

Was heißt nun dieses unser Angelegt-sein auf ein Verhältnis zu etwas Geistigem außer uns? Was meint dieses Geistige? Das Geistige im Menschen ist nicht das immaterielle Geistsubjekt, das (sich) denkt und (sich) will, im Sinne des deutschen Idealismus und auch noch Kierkegaards. Es ist vielmehr etwas *Pneumatisches* im Sinne der jüdisch-christlichen Offenbarung: das *hágion pneûma,* der Lebensodem und Ausstrom Gottes oder Gott selbst in seiner lebenspendenden Atmung. Insbesondere schöpft Ebner hier aus dem johanneischen und paulinischen Verständnis des Heiligen Geistes.

Das Geistige im Menschen meint jeweils mich selbst als das bleibend geschaffene Wesen, das ich zugleich selbst bin als der vom göttlichen Pneuma Ergriffene und Angesprochene, als der mit Du (selbst) in mir selber Angerufene. „Und ist nicht aber der ‚Grund' meines Lebens, wie eben der Grund des Lebens überhaupt – das aber nicht bloß in metaphysisch spekulierendem Sinne gemeint – der ‚Geist' und dieser geistige Grund des Lebens ‚Gott'?"[27] Daher trägt Ebners Hauptwerk *Das Wort und die geistigen Realitäten* den Untertitel: „Pneumatologische Fragmente."

Ebners Denken ist daher nicht, wie *Michael Theunissen* gemeint hat, „Kierkegaardianismus", „speziell eine Variante der Anthropologie", auf der Kierkegaards Verzweiflungsschrift, „Die Krankheit zum Tode", aufbaut.[28] Ebner sah das mit Recht anders. Er sagt: „Gewiß hat meine Beschäftigung mit Kierkegaard außerordentlich viel dazu beigetragen, dem Geist des Christentums nahezukommen. Dabei aber hat die Kierkegaardlektüre – seit Herbst 1914 – doch weitaus weniger die Rolle des Vermittelns als die des Aufmerksammachens gespielt"[29] – nämlich auf den „Geist des Christentums", auf das existentielle trinitarisch-heilsökonomische Verständnis des biblischen Pneûmas.[30] „Mensch sein heißt von allem Anfang an und vom Grund seiner Existenz aus in Beziehung zum Geist existieren, zum Geist außer ihm, und das ist Gott."[31]

Seinsverständnis im Wort

Kierkegaards Auffassung des Verhältnisses zu sich selbst, in dem sich der Mensch als ein von außerhalb seiner selbst gesetztes, abgeleitetes Verhältnis existierend verhält, erweckt einen zweideutigen Eindruck: Verhält sich der Mensch zu sich und zu anderen auf Grund seines Selbstseins mit Anderen oder nur als Selbst-seiendes zu Seinesgleichen? Fällt nicht bei Kierkegaard der Bezug zu einem ihm gegebenen, ureigensten Sein in seiner offenen Weite und Fülle, in Zugehörigkeit zu Anderen aus?

Die von mir für das Denken Kierkegaards vermutete Seinsvergessenheit suchte bekanntlich *Heidegger* in seiner zu wenig beachteten Kierkegaard-Rezeption zu überwinden: Existenz ist das Sein selbst, zu dem sich das Dasein immer irgendwie verhält. Da-sein ist Seiendes, zu dem es gehört, daß es ihm in seinem Sein um dieses Sein geht und daß es „in seinem Sein zu diesem ein Seinsverhältnis hat". Existenz wird vom Seinsverständnis her, das im Selbst-sein-können mit Anderen liegt, verstanden (unter Einschluß alles Gewesenen und Kommenden).[32]

Demgegenüber liegt das Eigentümliche des Ebnerschen Denkens nun gerade darin, daß er das Sein, und zwar das der menschlichen Existenz gegebene ureigenste Sein, ausdrücklich als „personales Sein"[33] versteht. Sein ist ursprünglich verstanden nic (wie für *Emmanuel Lévinas*) anonymes Sein, unpersönliches Anwesen[34], sondern eben das personale, und zwar in der Aktualität des Ausgesprochen- und Angesprochenwerdens. Mit anderen Worten: Gegenüber Heideggers Deutung des Seins aus dem Vorrang des Ist-Sagens deutet Ebner das Sein ausdrücklich aus dem Vorrang des Bin- und Bist-Sagens, wobei auffällt, daß dieses Bin- und Bist-Sagen im Gegensatz zu prädikativen und Existenz-Behauptungen niemals negiert werden kann: Ich kann niemals behaupten „Ich bin nicht (hier)" ohne Widerspruch zu dem mir zukommenden Selbstvollzug meines Seins; und ebenso kann ich Dir gegenüber niemals behaupten, daß Du nicht bist. Ich kann mich nicht ernsthaft an jemanden wenden und sagen: „Sie sind nicht, es gibt Sie gar nicht!"

Das personale Sein ist dementsprechend durch, im und aus dem Wort gegeben: „Nicht im Sein schlechthin und im Wissen schlechthin um das Sein ist Wahrheit [Selbstgegebenheit, unableitbare Selbsterschließung, unmittelbares Sichoffenbarwerden personalen Seins], sondern im Wort [...]. Das Wort ist nicht etwas außerhalb des Seins und zum Sein Hinzutretendes, es ist kein ‚Epiphänomen' [keine Begleit- oder Nebenerscheinung]; vielmehr ist alles Sein aus dem Wort, und im Wort wird die Wahrheit des Seins [...] begriffen."[35]

Um das Gesagte besser zu verstehen, muß man im Sinne Ebners unterscheiden:

1. Wort, das im Satz lebendig ist, mit dem Plural „Worte", die in sich sach- und geschehnisbezogen sind und enthüllen, worum es geht.

2. Ein solches Wort kann als in bloße „Wörter" zerfallen betrachtet werden, die dann realitätsleere, tote Zeichen (Gegenstand der Sprachwissenschaft) sind.

3. Wort, welches das personale Zueinandersein (als Verständnisraum) des Sprechenden und Hörenden stiftet, das die Fügung des Verhältnisses von Ich und Du ist; Reden wir miteinander, so sprechen wir implizit oder explizit uns selbst aus und jemanden an bzw. zu jemanden. In diesem Ich bin- und Du bist-Sagen geschieht etwas, bewegt sich das Ich zum Du, geschieht die Verbindung von Ich und Du, ereignet sich eine personale Seinsmitteilung und Selbstmitteilung, sind wir einander *als* Wort, *im* Wort und *durch* das Wort gegeben.

4. Schließlich Wort, das nur im Singular vorkommt: „Er, der Logos", der im Anfang war, das Wort Gottes.

Das im Wort Gottes mitgeteilte Sein hat den Charakter der Gabe; alles

Sein ist Geschenk, Gnade. In diesem Sinne bringt die Notiz vom 16. Juni 1922 Ebners Seinsverständnis zusammenfassend zum Ausdruck: „Daß alles Sein Gnade ist – daß alle Gnade des [personalen] Seins im Wort [Gottes] ist – daß der Mensch vom Wort [pneumatisch] lebt – daß alles, was ist, durch das Wort [geschaffen] ist – – –".[36] Es folgen ohne Punkt drei Gedankenstriche, die zu denken geben: Daß alles Sein Gnade ist, und zwar im und durch das Wort. Dies ist das zu Bedenkende, dies gibt bleibend zu denken und zu danken. Verstehen wir Gnade als persönliches Seindürfen, als ungeschuldetes Freigeben zu eigenstem Sein, als ein *ins Sein Rufen* in persönlicher Zuwendung (als Wortschöpfung), so impliziert das ein bestimmtes Verständnis von Liebe.

Liebe als das tiefste Wesen des Wortes

Das Phänomen der Sprache hat im Hinblick auf zueinander Sprechende seine Ursprünglichkeit in der Worthaftigkeit des personalen Seins. Es ist das Ergründungswürdigste, weil der Mensch durch das Wort, das ihn sprechen läßt, überhaupt erst ist, was er ist, nämlich Mensch.[37] Dieses Sprachphänomen ist das Ergründungswürdigste, weil es auf den Grund führt, der die höchste und ursprünglichste Möglichkeit menschlichen Miteinanderseins trägt, nämlich auf die Liebe: „Das *Wort* umfaßt und trägt die Sprache – nicht nur die Sprache, sondern den ganzen Menschen, und nicht nur den Menschen, sondern das Sein der ganzen Welt – und darum ist es mehr als Sprache, mehr als unsere gesprochenen Worte. Es umfaßt alles, was wir nicht aussprechen können, wofür unsere Sprache das rechte Wort nicht hat. Es umfaßt Gott, weil Gott das Wort umfaßt. Und es umfaßt die Liebe."[38] Umgekehrt muß auch das Wort von der es umfassenden Liebe her verstanden werden: „Das Wort des Menschen gehe hervor aus seinem Verstummen vor Gott und aus der Fülle seines Lebens in Gott. Diese Fülle des Lebens [in Gott] ist die Liebe. Man muß das Wort von der Liebe aus verstehen, sonst versteht man es in seinem tiefsten Wesen nicht."[39]

Es wird nicht gesagt, daß, wer liebt, versteht, oder Lieben sei die Erkenntnisbedingung für das rechte Verstehen des Wortes, für die Vernunft des Herzens – was Ebner wohl kaum bestritten hätte –, sondern gesagt wird: Das tiefste Wesen des Wortes ist die Liebe. Soll jedoch das Wort von der Liebe her verstanden werden, so darf nicht im Nebel bleiben, was Liebe eigentlich sei, da sich ja alle Welt auf die Liebe beruft. „Die wahre Liebe ist mehr [und anders als Eigenliebe, Begehrlichkeit, Habenwollen, plato-

nischer Eros]. Sie ist – wie das Wort – die Realisierung des Verhältnisses
zum Du, [und zwar] des Verhältnisses zum Menschen und zu Gott."[40] Diese knappe Wesensbestimmung der Liebe sei hier abschließend interpretiert. Sie sagt
1. etwas über die Zusammengehörigkeit von Wort und Liebe aus,
2. über die Einheit des Verhältnisses zu Gott und zum Menschen und läßt
3. die existentiell-praktische Absicht des Ebnerschen Denkens erkennen.

Die Zusammengehörigkeit von Wort und Liebe

„Die wahre Liebe" ist, wie Ebner notiert, „die Realisierung des Verhältnisses zum Du." Was heißt hier Realisieren? Nach Ausweis des näheren
Kontextes, wo vom hörenden „Schweigen im Wort" (d. h. vom Gebet) die
Rede ist, heißt realisieren, nicht eine Idee verwirklichen, nicht ein Gesoll-
tes in die Tat umsetzen, und schon gar nicht, sich etwas vergegenwärtigen,
plastisch vorstellen, sondern zunächst soviel wie ein Gewahren (Wahrnehmen), ein gewahrendes Seinlassen: das *schweigend*-vernehmende Zulassen dessen, was sich im Verhältnis von Ich und Du ursprünglich zu-
trägt, das vertrauende Sichöffnen und Offensein für das „Entgegenkom-
men des Du"[41] im Wort – das Wort als das Worin des Einander-Nahekom-
mens… Das schließt freilich nicht aus, sondern ein, daß sich das Ich „in
der Tat der Liebe dem Du" erschließt.[42] In unserer Textstelle wird überdies
gesagt, daß „die wahre Liebe […] – wie das Wort – die Realisierung des
Verhältnisses zum Du" sei. Also auch das Wort ist Realisierung des Ich-
Du-Verhältnisses.
Ist das tiefste Wesen des Wortes die Liebe, dann ist das Sicherschließen im
Wort eben in seinem tiefsten Wesen ein Sicherschließen in Liebe, die sich
in der Tat der Liebe vollendet. Die Erschließung des Ichs dem Du gegenüber meint daher nicht Befriedigung des Bedürfnisses nach Aussprache
gegenüber Anderen. Dadurch würde das Ich-Subjekt weiterhin dem Du
gegenüber in Einsamkeit verschlossen verharren. Es meint auch nicht
„Einflußnahme auf die äußere oder innere Haltung des Du"[43], also nicht
input in eine *black box,* auch keine Herabsetzung des Hörens Anderer zur
passiven Randbedingung des Gelingens der eigenen Sprechhandlungen,
etwa um so etwas wie symbolische Interaktion und dgl. zu gewährleisten.
„Das Sichaussprechende im Menschen, das Ich, hat seinen geistigen
Grund in seiner Ansprechbarkeit, darin, daß es zum Du wird: Täter des
Wortes ist der Mensch nur, insofern er zuerst Hörer war. Indem das Wort

zum Menschen spricht, indem es ihn zum Du macht, wird er seiner selbst, seines Ichs sich bewußt."[44]

Die Zusammengehörigkeit von Wort und Liebe wird deutlicher, wenn wir das Ausgangsphänomen mitvergegenwärtigen: Ebner geht von der durch das Gespräch, den Dia-log, geschaffenen Situation aus. Das aktuelle Sich-zeigen der Rede enthüllt die Selbstmitteilung, die Redende(n) und Ange-redete(n) verbindet und sie/ihn zum Grund seines Denkens, zum Wort, das im Anfang war, weiterführt. Ich und Du sind zunächst im Wort gegeben, „das in der Konkretheit und Aktualität seines Ausgesprochenwerdens in der durch das Sprechen geschaffenen Situation seinen ‚Inhalt' und Rea-litätsgehalt ‚redupliziert'."[45]

Das Wort hat seine Aktualität nur im Akt des Sprechens, im Gesprochen-werden, dann, wenn eine(r) zur/zum Anderen persönlich spricht, also in der Hin- und Zuwendung, die eine gegenseitige sein muß, denn zu dieser gehört immer das schweigend-verständnisvolle Hören, das seinen geisti-gen Grund in der Ansprechbarkeit beider hat. Diese Situation, die das Sprechen schafft, ist unausdrücklich schon hier von der Liebe her be-stimmt, denn, wird der Redende durch die Mitteilung als er selbst in sei-nem Anderssein verstanden und gut aufgenommen, dann ist er im We-sensraum des Verstehenden noch einmal da, gewissermaßen verdoppelt („redupliziert"); er darf im Anderen inexistieren. Das heißt nicht Expan-sion des Ich, um im Anderen bei sich zu sein, denn sich jemandem anver-trauen heißt auch, selber für die/den Zuhörende(n) zum Wesensraum zu werden – teilt sich doch auch der verständnisvoll Hörende mit, er wird in die Verständniswelt des Sichmitteilenden, der sich zu verstehen gibt, ent-rückt, ihm geht eine neue Welt auf und auch so ereignet sich Verdoppe-lung, Reduplikation, Wieder-*gabe*.

Ebners Grunderfahrung ist die personale Seinserfahrung im Wort, das im Anfang war. Wir erfahren uns selbst als ins Sein Gerufene und darin mit dem Du-Wort der Liebe Angerufene. Daß Du selbst bist und ich selbst Dir gegenüber bin, geht mir daher ursprünglich im Wissen um Gott, im Hören auf das ins Sein urhebende Wort auf. Zur Sprache gebracht lautet diese Er-fahrung: „Ich bin und durch mich bist du."[46] Dies im schweigenden Hören lautlos Vernommene ist ebenso Anfang der Gebetserfahrung wie Anfang des Wissens um Gott. Solches Hören erfüllt sich freilich erst in der ent-schiedenen Selbstannahme, in der Ent-schlossenheit, d. h. Aufgeschlos-senheit für das göttliche Du, in der dankbaren Antwort: „Du bist und durch Dich bin ich."[47] Diese ereignishafte personale Seinserfahrung im Wort ist in ihrem tiefsten Wesen eine Erfahrung der zuvorkommenden Liebe.

Einheit des Verhältnisses zu Gott und zum Menschen

Beachtet man, daß Ebner von der menschlichen Rede ausgeht, wie sie in gegenseitiger Zuwendung persönlich aktuell ist, so ist es systemkonsistent, daß das mitmenschliche Du in der Beziehung zum göttlichen Du nicht verlassen, nicht übersprungen und verfehlt wird. „Die wahre Liebe" ist ja nach der Textstelle, die hier ausgelegt wird, „die Realisierung [...] des Verhältnisses zum Menschen und zu Gott". Ich-einsames Sichverschließen gegenüber Mitmenschen besagt immer auch sich Gott gegenüber verschließen und umgekehrt.[48] „Wessen Ich aber im Menschen sein Du nicht zu finden vermag, der hat es auch noch nicht in Gott gefunden."[49] Also keine steile Aussteigermystik und ebenso keine privatisierende, symbiotische oder narzißtische Ich-Du-Beziehung, Zweierbeziehung, die Dritte ausschließt. Hingegen stört der „Einbruch" der/des Dritten in die sich verschließende Dualität – die Eifersüchtigen, die Eltern des Ödipus und dann erst den Ödipus. Wahre Liebe hingegen läßt den Anderen in all seinen Bezügen sein (anwesen, leben), sie öffnet nicht nur einander und weitet die Weltbezüge, sondern ist von vornherein nur als die Einheit des Verhältnisses zum Mitmenschen und zu Gott verstehbar, als die Einheit von Gottesliebe und Nächstenliebe:
„Worin aber erschließt sich das Ich seinem Du? In der Liebe. Und darum ist die Liebe das wahre geistige Leben im Menschen, die Liebe zu Gott und die Liebe zum Nächsten, nach der Forderung des Evangeliums."[50] Daher ist es verfehlt, bei Ebner von einem „Dialogismus", einem -Ismus der Zwiesprache zu reden, weil für ihn die höchste menschliche Seinsmöglichkeit gar nicht als exklusive Zweierbeziehung bestehen kann. Auch die von mir gebrauchte Richtungsbezeichnung „personal-dialogisches Denken" ist mißverständlich. Sie gibt nur betont positiv (präzisiv) an, daß der Schlüssel zum Sein einander zugewandter Personen im Wort der Zwiesprache liegt, und ist ganz und gar nicht exklusiv gemeint.

Die existentiell-praktische Absicht des Ebnerschen Denkens

Wird das im Wort bestehende relationale Sein der Personen nicht als redselige Idylle der Zweisamkeit verharmlost, dann läßt sich weiter verstehen, daß Ebner mit seinem personalen Sprachdenken nicht nur den Grund aller Menschlichkeit in persönlicher Gemeinschaft, sondern damit auch den Grund für das gesellschaftliche Miteinandersein zu enthüllen versucht hat. Ebner erblickte ja die Zukunftsaufgabe der Menschheit „in des Wortes *restitutio in integrum* "[51], d. h. in der völligen Wiederherstellung jenes ursprünglichen Sinn- und Seinsbezuges zum schöpferischen Wort, das im Anfang war, in dem die Liebe den Menschen sowohl zum Hörer als auch zum Täter des Wortes macht, eine Aufgabe, die noch tiefer geht als die so gewichtige Lösung der sozialen und ökonomischen Fragen, weil diese Fragen und Lösungen immer „das *Vertrauen auf das Wort* "[52] zur Voraussetzung haben.

Anmerkungen

[1] Paul Watzlawick, Janet H. Beavin, Don D. Jackson, Menschliche Kommunikation: Formen, Störungen, Paradoxien, Bern ⁹1996, 45.

[2] Zur theologischen und philosophischen Begriffsgeschichte von Person vgl. Josef Ratzinger, Zum Personverständnis in der Theologie, in: Dogma und Verkündigung, München 1973, 205–224, und P. E. Schmid, in: Carl R. Rogers, Peter F. Schmid, Person-zentriert: Grundlagen von Theorie und Praxis, Mainz 1991, 35–74.

[3] Elmar Waibl, Gesellschaft und Kultur bei Hobbes und Freud, Wien 1980; siehe auch A. K. Wucherer-Huldenfeld, Ursprüngliche Erfahrung und personales Sein. Ausgewählte philosophische Schriften, Bd. 1, Wien 1994, 113f., 131f., 227–240, 383.

[4] Vgl. A. K. Wucherer-Huldenfeld, Personales Sein und Wort. Eine Einführung in den Grundgedanken Ferdinand Ebners, Wien 1985. Die von Franz Seyr hrsg. Schriften Ebners (3 Bde., München 1963–65) sind heute vergriffen. Sie werden im folgenden als ES mit römischer Band- und arabischer Seitenzahl zitiert. Neuerdings ist eine historisch-kritische Gesamtausgabe, die auch das umfangreiche, noch unveröffentlichte Nachlaßwerk einbezieht, geplant. Auch besteht eine „Internationale Ferdinand-Ebner-Gesellschaft" mit dem Sitz in der Marktgemeinde Gablitz (Wien-Umgebung). Übersetzungen ins Italienische und Spanische liegen vor bzw. sind in Vorbereitung.

[5] Erstmals erschienen 1933 in den „Schildgenossen" und dann 1935 im Pustet-Verlag, Regensburg, heute vergriffen.

[6] Tagebucheintragung vom 6. September 1921: ES II 960.

[7] „Der Mensch" nicht als Kollektivsingular (Menschenbild; ideo-logisches Subjekt), sondern distributiv verstanden, jeweils die und der geschichtlich-konkrete Einzelne, aber so, daß nicht nur über Andere etwas gesagt wird, sondern jede und jeder not-wendig im Verhältnis vom Anderen her und zu Anderen sich selbst mitversteht, mitauslegt und mitteilt.

[8] Er existiert im Verhältnis zum Wort und hat daher etwas zu sagen, wie eine Frau ihren Mann oder ein Mann seine Frau nicht possessiv hat, sondern zu ihr/ihm in einem guten Verhältnis steht.

[9] Tagebuchaufzeichnung vom 1. Februar 1920: ES II 910f.

[10] Vgl. dazu auch M. Heidegger, Gesamtausgabe, Frankfurt/M. 1989, Bd. 65: Beiträge zur Philosophie, 307.

[11] Ebner hebt das „‚personale' Sein" (I 254f., 828), das in Existentialbehauptungen „Ich bin" und „Du bist" ausgesagt wird, vom mit „ist" und „sind" behaupteten „‚unpersönlichen' Sein" (I 254f.) ab.

[12] Ebner hebt dies in einer Kurzformel des „Grundgedankens" seiner Fragmente „Das Wort und die geistigen Realitäten" (abgekürzt: WgR; 1919 verfaßt) hervor: ES I 81.

[13] Versuch eines Ausblicks in die Zukunft (1929), ES I 751.

[14] Zum späteren Weltverständnis Ebners vgl. A. K. Wucherer-Huldenfeld, Personales Sein und Wort. Einführung in den Grundgedanken Ferdinand Ebners, a. a. O., 286–298.

[15] Das noch unveröffentlichte philosophische Frühwerk „Ethik und Leben" trägt den Untertitel „Fragmente einer Metaphysik der individuellen Existenz" und stammt aus der Zeit vor der Auseinandersetzung mit Kierkegaard. Ebners Existenzverständnis erscheint hier vor allem von der Lebensphilosophie Henri Bergsons, mit der er sich kritisch auseinandergesetzt hat, geprägt: „Für ein bewußtes Wesen besteht Existenz darin, sich zu wandeln, der Wandel darin, zu reifen, und das Reifen darin, sich unendlich zu erschaffen" (L'Evolution créatrice, Paris 1908, 8). Das Ich ist Freiheit, Schöpfung des Selbst als das Ganze der sich sammelnden freien Taten.

[16] WgR: ES I 80.

[17] Brief vom 11.–13. Juli 1916 an Josef Räuscher: ES III 117.

[18] Notiz vom 15. September 1919: ES II 253.

[19] Wird die ontologische Differenz von Sein und Seienden beachtet, dann muß zwischen Selbst*seienden* und Selbst*sein* unterschieden werden. Vom Selbstsein, wodurch jeweils jemand (ein personales Seiendes) ist, kann eigentlich nur gesprochen werden, wenn das diesem Seienden ereignishaft zukommende und zu eigen gegebene Sein (= Anwesen, Währen, Gewähren, Weilen, Verweilen) wahr-genommen wird.

[20] S. Kierkegaard, Die Krankheit zum Tode (1849), Gesammelte Werke, Bd. 8, hrsg. von H. Gottsched und Chr. Schrempf, Jena 1911, 10.

[21] Tabula prologorum in opus tripartitum 2 (Lat. Werke, Bd. I, Stuttgart 1938, 130): Sic quidam creavit omnia: non extra se, ut imprudentes falso imaginantur; sed omne quod deus creat sive operatur, universaliter operatur in se, creat in se, videt sive cognoscit in se, amat in se; extra se nihil operatur, nihil novit aut amat. Et hoc ipsi deo proprium est. Vgl. Klaus Kremer, Gott und Welt in der klassischen Metaphysik, Stuttgart 1969.

[22] WgR: ES I 80f.

[23] Notiz vom 15. September 1919: ES II 254.

[24] WgR: ES I 81.

[25] Vgl. Historisches Wörterbuch der Philosophie, Bd. 2, Basel 1972, Sp. 856f.

[26] „Wenn man vom Ich, vom Du und vom Verhältnis des Ich zum Du spricht, so drückt man sich in abstrakten Formeln aus. Wenn aber das Ich spricht, das heißt richtig gesagt: wenn *ich* spreche, und das Du, das heißt der *Nächste,* angesprochen wird, so sind das sehr konkrete und reale Dinge und Tatsachen" (ES I 996). Der Mensch erwacht aus der Ich-Einsamkeit und Du-Verschlossenheit.

[27] Tagebuchnotiz vom 26. Juli 1917: ES II 725.

[28] Nachwort zur Neuausgabe von WgR in der Bibliothek Suhrkamp, Frankfurt/M. 1980, 276, 278.

[29] Tagebucheintragung vom Gründonnerstag 1918: ES II 798.

[30] Unter „ökonomischer" Trinität versteht man die sich selbst dem Menschen gegenüber ereignishaft *offenbarende* und somit erfahrbare Dreifaltigkeit im Unterschied zu dem, was mitgeteilt und geoffenbart wird, die sogenannte „immanente", in Gott selbst wesende Trinität: Gott in drei Personen.

[31] WgR: ES I 175.

[32] M. Heidegger, Sein und Zeit, Gesamtausgabe, Bd. 2, Frankfurt/M. 1977, 16.

[33] Siehe oben Anm. 11.

[34] Lévinas nimmt meines Wissens keinen Bezug auf Ebner; er kritisiert aber an Martin Buber und Gabriel Marcel, daß sie „die Ich-Du-Beziehung [noch] in Begriffen des Seins ausdrücken" („Mit-Anwesenheit, Mit-Sein"): E. Lévinas, Außer sich. Meditationen über Religion und Philosophie, München 1991, 15. Sein ist für Lévinas im Blick auf Spinoza ein Beharrenwollen, Selbstbehauptung. „Das Sein ist *connatus essendi,* das heißt, eine Sorge, eine Anstrengung, zu sein" (E. Lévinas, „Der Ort, in dem das Göttliche einwirkt, ist im Inneren des Menschen selbst", in: Conturen. Das Magazin zur Zeit 3, 1994, 35). Dieses in sich zurückgekrümmte Sein, das *es* immerdar gibt, beschreibt eher den pervertierten Seinsmodus dessen, der nach Ebner in „Ich-einsamkeit" verschlossen existiert, als das in der Geschichte der Ontologie maßgebende Seinsverständnis.

[35] Notiz vom 21. August 1921: ES II 394.

[36] ES II 301.

[37] Die geistige Bedeutung der Sprache: ES I 746–799, in: Versuch eines Ausblicks in die Zukunft (1929).

[38] Aphorismen 1931: ES I 1009.

[39] Aphorismen 1931: ES I 952.

[40] Ebd.

[41] Vgl. ES I 103; II 168f.

[42] Vgl. ES I 272f., 230, 410, 791.

[43] WgR: ES I 116.

[44] Notiz vom 19. November 1922: ES II 302.

[45] WgR: ES I 81.

[46] Versuch eines Ausblicks in die Zukunft (1929): ES I 785. Vgl. die Notiz vom 27. Juni 1920: ES II 519f. über die Einheit von Wort und Liebe im sich (selbst) mitteilenden Schaffen Gottes.

[47] Ebd.

[48] Vgl. die Notiz vom 14. Dezember 1917: ES II 489f.

[49] Aus dem Tagebuch 1916/17: ES I 56.

[50] Notiz vom 14. Dezember 1917: ES II 490.

[51] Versuch eines Ausblicks in die Zukunft (1929): ES I 745.

[52] A. a. O.: ES I 751. Mit dem Mißbrauch und Schwund des Vertrauens auf das Wort ist die Menschheit auf dem Wege zum Untergang. „Die ganze menschliche Existenz in der Welt, anfangend mit der Beziehung der Eltern zu den Kindern und dieser zu jenen, die des Mannes zum Weibe, des Freundes zum Freunde in sich begreifend, über jegliche primitive oder komplizierte Arbeitsgenossenschaft und Lebens- und Interessengemeinschaft hinweg bis hinauf zum Gefüge des Staates mit seinen Gesetzen und seinen Machtmitteln, deren Befolgung zu erzwingen – sie [die ganze menschliche Existenz in der Welt] hat zu ihrem geistigen Grund das *Vertrauen auf das Wort.*“

Bert Hellinger

Psychotherapie und Religion

Vorbemerkung: Mit Richard Picker bin ich seit vielen Jahren befreundet. Beide bedenken wir, was Psychotherapie und Religion verbindet und trennt. Ein Zeugnis dafür war das Podiumsgespräch über Psychotherapie und Religion auf dem Congress: The World of Psychotherapy, Wien 1996, das Richard moderierte. Dieses Gespräch führt das folgende Interview weiter.

Herr Hellinger, wir wollen uns heute bewußt auf das Thema Religion und Psychotherapie beschränken. Sie haben sich ja dazu häufig geäußert, und mich würde jetzt interessieren, können Sie definieren, was für Sie Religion ist?

Ich möchte lieber beschreiben, was vor sich geht, wenn jemand sich als religiös erfährt.

Wenn ich religiöse Menschen betrachte, sehe ich als erstes, daß sie sich bewußt sind, von Kräften abhängig zu sein, die sie nicht verstehen, zum Beispiel vom Schicksal, und daß sie erfahren, daß ihr Leben nicht in ihrer Hand liegt und daß es endet. Im Angesicht von diesen Geheimnissen, denen sie gegenüberstehen, nehmen sie eine bestimmte Haltung ein. Das kann, wenn es gutgeht, eine Haltung der Ehrfurcht sein oder der Demut oder der Andacht vor dem, was wir nicht verstehen.

Es gibt aber Leute, die, wenn sie sich religiös verhalten, das, was sie nicht verstehen, oder das, dem sie sich ausgeliefert fühlen, versuchen zu manipulieren, die das beeinflussen und in die Hand bekommen wollen, zum Beispiel durch Riten oder durch Opfer oder Gebet.

Bei dieser Art von Religion wird ein Zweifaches wirksam: einmal, daß Menschen etwas anerkennen, das über sie hinausgeht und das sie nicht verstehen, und zweitens, daß sie es in den Griff bekommen wollen. Das ist eigentlich ein Widerspruch, und Entartungen der Religion entstehen an dem Punkt, an dem jemand, statt daß er stehenbleibt und das Geheimnis anerkennt, es zu begreifen und in den Griff zu bekommen sucht.

Ist es richtig, wenn ich sage, diese erste Beschreibung von Religion, nämlich daß sie etwas ist, wo ich mich abhängig fühle von etwas – das Gefühl der schlechthinnigen Abhängigkeit, hat ein Theologe mal definiert –, wäre so etwas wie natürliche Religion, die ja nicht unbedingt zu tun hat mit den

*vorfindlichen Kirchen oder mit christlicher Religion oder Islam oder Ju-
dentum. Ist für Sie eine Offenbarungsreligion bereits der Versuch, dieses
Gefühl der Abhängigkeit in den Griff zu bekommen? Sie haben sich ja ver-
schiedentlich sehr kritisch zum Thema Offenbarungsreligionen geäußert.*

Ich möchte da unterscheiden. Wenn solche religiösen Erfahrungen gemacht werden, also Erfahrungen von Geheimnissen, dann gibt es manchmal jemanden, der darauf hinweist, daß es diese Geheimnisse gibt. Jesus,
zum Beispiel, macht das in vielen seiner Gleichnisse. Dann tritt er aber
nicht als ein Offenbarer auf, der sagt, was andere nicht wahrnehmen können, sondern er führt zu etwas hin, was sichtbar ist, wenn auch vielleicht
auf eine besondere Weise, und damit wird es den anderen verständlich. Sie
nehmen dann mit ihm das gleiche wahr. Diese Art von Offenbarung ist
eine natürliche.

Dann gibt es Offenbarer, die sagen, sie haben eine Botschaft erhalten,
oder, sie haben ein besonderes religiöses Erleben, das anderen nicht zugänglich ist, und das sie ihnen verkünden. Dann müssen andere, statt daß
sie wahrnehmen, glauben. Aber sie glauben nicht etwa Gott, sondern sie
glauben dem Offenbarer, also einem Menschen.

Wenn ich mich jetzt auf das Christentum beziehe, ist es für mich so, daß
von Jesus her, soweit ich ihn verstehe, wenig Offenbarung in diesem Sinne kommt, sondern daß das, was als seine Offenbarung verkündet wird,
weitgehend das Werk seiner Jünger ist, die sich an seine Stelle setzten.

... und dann noch mehr von den Aposteln, Paulus zum Beispiel.

Gerade auch Paulus. Wenn ich Paulus lese, habe ich den Eindruck, der Jesus ist ihm eigentlich egal. Er hat ein eigenes Bild, und das stülpt er dem
Jesus über. Daraus ergibt sich der eigentümliche Widerspruch, daß Jesus
als *der* Offenbarer dargestellt wird, aber selbst nicht zu Wort kommt.
Wenn ich diese beiden Arten von Religion einander gegenüberstelle, also
diese Art von Offenbarungsreligion und die andere, die sich dem Geheimnis aussetzt, wie wir es vorfinden, dann bedarf diese Offenbarungsreligion einer Reinigung.

*Es ist für mich trotzdem ein großer Gegensatz zwischen dem, was Sie hier
beschreiben, und dem, was die herkömmlichen Kirchen anbieten. Sie kommen ja selber aus der katholischen Kirche, waren lange Zeit in einem Or-
den tätig und haben Theologie studiert. War das eine allmähliche Ent-*

wicklung bei Ihnen, daß Sie jetzt zu diesem Religionsverständnis kommen, oder gab es da einen Bruch?

Es war eine allmähliche Entwicklung. Wenn ich den einzelnen anschaue, wie er aufwächst in seiner Religion, der eine in der katholischen wie ich, ein anderer in der evangelischen oder im Islam, dann ist es ja so, daß seine Religion ein Teil der Kultur ist, der er angehört. Oder es ist ein Wert, der in seiner Familie hochgehalten wird. Die Religion ist daher etwas, das mit der Familie auf ihn übergeht. Man könnte auch sagen, sie ist wie eine Offenbarung, der er sich unterwirft, ohne daß er eine Anschauung hat. Er glaubt etwas, das überkommen ist, ohne daß er selber schaut und sich entscheidet. Diese Religion ist Teil seiner Entwicklung oder Sozialisation. Und das ist gut. Es ist ja etwas, das ihn bindet und bereichert. In all diesen Religionen werden ja sehr hohe Werte verwirklicht.

Nur, wenn sich der einzelne weiterentwickelt, kommt er nach einiger Zeit in einen Konflikt. Zum Beispiel, wenn er einerseits die Natur anschaut und ernst nimmt, was auch die Kirchen über sie lehren, nämlich daß sie von Gott ist, und wenn er andererseits auf das hört, was als offenbart verkündet wird, und er beides miteinander vergleicht, dann sieht er einen Widerspruch. Dann muß er, wenn er das erste ernst nimmt, das zweite in Frage stellen. Und umgekehrt, wenn er das sogenannte Offenbarte ernst nimmt, dann muß er die Welt, wie er sie vorfindet, in Frage stellen.

Dazu ein Beispiel. Wir machen als Menschen die Erfahrung, daß wir ein hohes Bedürfnis nach Gerechtigkeit haben. Dieses Bedürfnis ist uns angeboren. Es gehört zu unserer seelischen Ausstattung und macht Kommunikation zwischen Menschen erst möglich. Also, wenn mir jemand etwas gibt, habe ich das Bedürfnis, ihm auch etwas zu geben, und damit sind wir im Austausch und können Gemeinschaft bilden. Wenn ich aber die Natur anschaue und in ihr nach der Gerechtigkeit suche, dann erkenne ich, daß die Welt nach anderen Gesetzen läuft als der Gerechtigkeit. Doch viele Menschen sagen, daß Gott, wenn es ihn gibt, gerecht sein müßte, weil das unser Bedürfnis ist. Da wird also vom eigenen Bedürfnis etwas auf Gott übertragen, das ich für unzulässig halte. Die ganzen Fragen: „Wie kann Gott das zulassen?" kommen aus diesem Bedürfnis. Wenn ich dagegen nur auf die Welt schaue und sie ernst nehme, dann sehe ich, daß ich das Geheimnis von Gerechtigkeit und Ungerechtigkeit, so wie wir sie verstehen, nicht durchdringen oder lösen kann. Und das ist schwer. Wenn ich mich dem aber stelle, ist die Wirkung, die es auf mich hat, eine viel tiefere, als wenn ich nach dem gerechten Gott rufe und ihn gerecht haben will.

Sie haben vorhin das Stichwort „Gebet" gebracht. Würden Sie im Gebet bereits einen Versuch sehen, das Religiöse in den Griff zu bekommen?

Es kommt auf die Art des Gebetes an. In der Mystik gibt es die sogenannte Kontemplation oder, wie man das früher in der abendländischen Spiritualität genannt hat, die Beschauung, das einfache stille Anschauen. Das wäre die Andacht vor dem Geheimnis. Sie ist tiefe Hingabe gleichzeitig. Das ist das eigentliche Gebet.

Dann gibt es das Bittgebet. Dabei kommt es auf die Grundhaltung an. Wenn ich für jemanden bete, zum Beispiel für einen Sterbenden, dann tue ich das nicht in dem Sinne, daß ich manipulieren will. Ich komme in Berührung mit etwas. Der kommt auch damit in Berührung, und vielleicht hat es eine heilende Wirkung. Dieses Gebet achte ich sehr, und ich mache das auch selbst.

Anders ist es, wenn ich, zum Beispiel, unbedingt eine Stelle finden will und deswegen eine Kerze opfere. Das hat dann schon etwas Manipulatives. Aber ich will es nicht verurteilen, weil auch da eine religiöse Haltung und ein religiöses Bedürfnis zum Ausdruck kommt.

Dem hat ja Jesus schon einen Riegel vorgeschoben, wenn er sagt: „Dein Wille geschehe". Das soll eigentlich in jedem dieser Gebete mit drin sein. Sie haben jetzt schon ein für mich sehr wichtiges Stichwort genannt, nämlich „Mystik". Ich weiß nicht, ob ich richtig liege, wenn ich denke, daß das, was Sie als natürliche Religion beschreiben, sehr nah an dem ist, was die Mystiker gedacht und gefühlt haben. Es gibt ja heute, wenn ich das recht sehe, eine große neue Aufgeschlossenheit gegenüber der Mystik, die lange Zeit verschüttet schien. Und es gibt das berühmte Wort von Karl Rahner, daß das Christentum entweder ein mystisches sein wird, oder es wird nicht mehr sein. Würden Sie sich da richtig beschrieben sehen, ohne daß ich Sie in den Griff bekommen möchte?

Ich respektiere die Frage. Ich unterscheide bei der Mystik auch. Also erst einmal, was für mich problematisch scheint bei der Mystik.

Bei den religiösen Verhaltensweisen habe ich gesehen, daß sie Mustern folgen, die wir kennen, zum Beispiel dem Muster „Vater–Kind" oder dem Muster von gleichberechtigten Gesprächs- oder Vertragspartnern, oder dem Muster der Beziehungen in einer Sippe, oder dem Muster der Liebesbeziehung. Daraus ergeben sich unterschiedliche religiöse Verhaltensweisen. In der Mystik finden wir sehr häufig das Muster der Liebesbeziehung,

also die mystische Hochzeit und die Brautmystik. Das ist für mich problematisch, weil es ein Menschliches auf ein unaussprechliches Geheimnis
überträgt.

Dann gibt es in der großen Mystik die Erfahrung – im Abendland vor allem, aber auch im Islam, soweit ich das sehe und gelesen habe –, daß das
Göttliche sich dauernd entzieht. Daß es also nicht in den Griff zu bekommen ist, auch nicht ins Herz, sondern daß es sich dauernd entzieht, so daß
der Mystiker, wenn er eine religiöse Erfahrung macht, sie nur als eine Erfahrung nimmt, ohne daß er es wagt, dieser Erfahrung den Namen religiös
zu geben. Deswegen ist es bei dieser Mystik so, daß jede sogenannte religiöse Erfahrung sofort zur Seite geschoben wird und man sich öffnet auf
ein noch Größeres hin, vor dem man andächtig stehenbleibt. Das ist für
mich die eigentliche mystische Haltung. Sie ist eine völlig natürliche. Wir
finden sie auch bei großen Dichtern, bei Musikern – Bach, zum Beispiel,
ist für mich jemand, der vor diesem Geheimnis seine große Musik macht
–, und wir finden sie bei großen Philosophen, zum Beispiel bei Heidegger.
Wenn ich Heidegger lese, bekomme ich dieses andächtige Gefühl vor einem Geheimnis. Er führt mich dahin, ohne daß er es benennt.

Ich möchte noch einmal auf Ihre Beschreibung von natürlicher Religion
zurückkommen. Sie haben sinngemäß gesagt: Diese Religion bringt in
Einklang mit der Welt, versöhnt mit dem, was schrecklich ist, und öffnet
hin zu Erfahrungen mit Tod, Schuld oder Schicksal. Ich kann diesen Ge-
danken sehr viel abgewinnen. Ich habe jetzt bloß als ein Mensch des
zwanzigsten Jahrhunderts – ich bin da sicher auch von einem gewissen
Zeitgeist geprägt – meine Schwierigkeiten, weil ich mich frage, wo bleibt
eigentlich das, was wir so normalerweise als gestaltend und verändernd
empfinden. Ich bin mir auch klar darüber, daß vielleicht das Problem un-
serer Tage am Ausgang des zweiten Jahrtausends ist, daß wir uns über
lange Strecken einem Machbarkeitswahn überlassen haben. Könnte es
sein, daß die Neuentdeckung der Mystik ein Pendelschlag ist, und könnte
es dann auch sein, daß dann vielleicht wieder der andere Schritt fehlt?
Also dieses Gestalten und dieses Verändern kommt mir da zu kurz.

Sie haben richtig gesehen, daß für mich zum Religiösen der Verzicht auf
das Verbessern gehört. Das Merkwürdige ist aber: Wenn ich der Welt zustimme, wenn ich sie also nicht nur akzeptiere, sondern ihr zustimme, wie
sie ist, mit allem, was dazugehört, dann gewinne ich einen Zugang zu einer Tiefe, aus der heraus ich versöhnend wirken kann oder auch manch-

mal heilend, oder auch etwas verbessernd, doch ohne daß ich es beabsichtigen muß. Rein aus dem Einklang mit der Welt kommt mir eine Kraft zu, die auf Gutes hinwirkt. Das ist sehr demütig.

Hängt damit auch die Beschreibung Ihrer Arbeit als Psychotherapeut zusammen, daß Sie sagen, Sie sind ein phänomenologischer Psychologe bzw. Therapeut? Das heißt ja, Sie gehen sehr intensiv nur von der Wahrnehmung aus und vermeiden damit bewußt, sich vom anderen gleich ein Urteil zu bilden? Sehe ich das richtig?

Ja. In der Psychotherapie beabsichtige ich, eine Wirklichkeit ans Licht zu bringen mit Hilfe einer Gruppe. Zum Beispiel, indem ich einen Kranken – oft arbeite ich ja mit körperlich schwer Kranken – seine Familie aufstellen lasse. Er wählt aus den Teilnehmern wildfremde Leute, die er gar nicht kennt. Die stellen seinen Vater dar, seine Mutter und seine Geschwister. Ich sage ihm dann, er solle sie gesammelt in Beziehung zueinander stellen. Wenn er das macht, kommt im Aufstellen ein unbewußtes Bild ans Licht. Es wird ihm sichtbar.

Gestern, zum Beispiel, kam eine Frau, die ein zweijähriges Kind mit einer tödlichen Krankheit hat. Es hat Wunden am ganzen Körper, und sie kann es nur tragen. Das Kind kann nicht gehen. Ich habe ihr gesagt, sie soll das Kind festhalten und mit dem Kind sich neben ihren Mann stellen. Sie sagte, das geht nicht, das Kind sei dagegen. Dann sagte ich ihr: Wir stellen das auf. Sie hat also drei Leute ausgesucht, jemand, der die Frau vertreten hat, jemand, der den Mann vertreten hat, jemand, der das Kind vertreten hat, und dann hat sie diese drei Personen in Beziehung zueinander gestellt. Das Kind stand mit dem halben Rücken gegen die Mutter gelehnt, und der Mann stand abseits, der Frau gegenüber. Die Frau sagte: „Ich habe eine große Wut auf meinen Mann", und der Mann sagte: „Ich habe eine große Wut auf meine Frau". Das Kind sagte: „Mir ist so übel, ich möchte weg." Aus der Aufstellung habe ich gesehen, daß das Kind, indem es so vor der Mutter stand, die Mutter daran hindern wollte, daß sie geht. Dann habe ich die Mutter abseits gestellt. Sie hat sich sofort erleichtert gefühlt, das Kind hat sich erleichtert gefühlt und auch der Mann. Und das Kind wollte zum Vater. Das kam jetzt ans Licht. Das war für die Frau völlig überraschend, und das begann dann zu wirken.

Wenn ich das am Licht habe, suche ich eine Lösung für alle. Der Vater der Frau hat sich umgebracht, das muß ich jetzt sagen. Sie wollte also wahrscheinlich ihrem Vater nachfolgen. Ich habe sie neben ihren Mann gestellt und habe das Kind sich mit dem Rücken an beide Eltern anlehnen lassen. Das Kind hat sich sofort ganz wohl gefühlt. Dann habe ich die Frau zu ihrem Mann sagen lassen: „Halte mich fest, daß ich bleibe", und alle waren versöhnt.

Es ist also nicht so, daß ich da etwas erfunden habe. Ich habe es abgelesen und habe aus dem, was ich abgelesen habe, eine Lösung gesucht, die für alle gut war. Das wäre also die Art von Psychotherapie, die ich anbiete.

Haben Sie nicht manchmal Zweifel an Ihrer Wahrnehmung? Das ist für mich etwas, wo ich denke, daß sich da manche Kritik und manche Anfragen an Sie festmachen, daß andere also sagen, wo hat der die Sicherheit her, daß er das, was er wahrnimmt, dann auch so ausdrückt?

Was ich sage, ist ja sichtbar. Die Frau, zum Beispiel, war sehr bewegt. Sie konnte sofort erkennen: So ist es. Wenn es anders gewesen wäre, hätte sie sofort protestiert. Oder die anderen Teilnehmer hätten protestiert. Wenn ich das dann auch noch vor einem großen Publikum mache, können das alle überprüfen.

Wenn jemand sagt, es ist nicht so, wie ich es gesagt habe, dann richte ich mich sofort danach. Dann überprüfe ich das und suche eine andere Lösung. Also, ich richte mich in meiner Wahrnehmung auch nach den anderen. Ich fange mal an und korrigiere es dann. Wenn ich das alles nur behaupten würde, wäre das schlimm. Das wäre mir viel zu riskant.

Jetzt stelle ich einmal eine ketzerische Frage. Fühlen Sie sich da eigentlich auch in der Spur von dem neutestamentlichen Jesus von Nazareth, bei dessen Heilungsgeschichten ja auch oft gesagt wird: „Er sah ihn an" oder „Er sah sie an"? Oder ist das völlig an den Haaren herbeigezogen?

Ich fühle mich schon wie einer, der im Vorübergehen – das wird ja auch von Jesus gesagt – hinschaut, vielleicht etwas Gutes tut und sofort weitergeht. Also, in dem Sinn schon. Aber sonst nur kein Vergleich! Das wäre mir viel zu groß.

Die Bibel nennt es ja manchmal auch Nachfolge.

Jesus hat auf mich einen großen Einfluß. Ich habe vor der Gestalt Jesu eine tiefe Achtung. Er ist mir auch ein Leitbild in vielen Dingen, aber nicht in dem Sinn, daß ich jetzt frage: Was hat Jesus gemacht, und was mache ich? Das nicht. Doch wenn ich lese, was Jesus gemacht hat, dann denke ich mir manchmal schon: Ja, so könnte Gutes geschehen.

Ist Jesus für Sie ein Therapeut?

Nein.

Sie kennen ja die Theorie von Eugen Drewermann, der sagt, die Heilungsgeschichten des Neuen Testaments sind therapeutische Geschichten.

Das würde Jesus für mich erniedrigen. Für mich ist Jesus viel mehr als ein Therapeut. Das andere liegt mir völlig fern.

Können Sie das ein bißchen näher beschreiben, was ihn da erniedrigen würde, wenn er ein Therapeut wäre, beziehungsweise, was ihn von einem Therapeuten unterscheidet, weil mich dieser Gedanke von Drewermann schon sehr fasziniert hat und ich gemerkt habe, daß viele Zeitgenossen auf dieser Brücke einen neuen Zugang zu diesem Jesus gefunden haben?

Für mich ist das Religiöse ein Bereich für sich, ein großer Bereich, und die Therapie darf nicht daran rühren. Ich sehe Jesus als eine religiöse Gestalt, der vor allem das Religiöse im Menschen anspricht und da etwas bewirkt, was sich auf besondere Weise über zweitausend Jahre ausgewirkt hat. Bei aller Kritik an den Kirchen darf man doch nicht übersehen, daß das Christentum eine gewaltige geschichtliche Bewegung ist, und daß es ein unglaublicher Verlust für uns wäre, wenn wir es nicht hätten. Also, ich sehe Jesus in erster Linie als einen religiösen Menschen. Wenn ich ihn als Therapeuten betrachten würde, dann würde es ablenken von dieser Größe. Das liegt mir fern.

Man kann ja die Sache auch auf den Kopf stellen, aber ich denke, ich ahne jetzt Ihre Antwort fast schon voraus. Es gibt ja auch die Theorie, daß Leute sagen, nachdem jetzt die Kirchen zum Ausgang des zweiten Jahrtausends an Wirkung verloren haben und in einer tiefen Krise stecken – und es betrifft ja offensichtlich auch ganz stark den Beruf des Priesters oder Pfarrers: Die Priester von heute sind die Psychotherapeuten.

Mir liegt das fern. Ich möchte mal einen Vergleich bringen. In der persönlichen religiösen Entwicklung – in der abendländischen Spiritualität wird das ja dauernd beschrieben, auch im Islam – beginnt der Weg, wenn man überhaupt von einem Weg spricht, mit der Reinigung. Also, die Vorstellungen, die Wünsche, selbst der Glaube werden gereinigt. Zum Schluß bleibt man sozusagen nackt vor dem Dunkel und hat die größte Tiefe erreicht.

Auch die Religionen sind auf einem Weg der Reinigung. Das hat für mich angefangen mit der Theologie. Daß man überhaupt wagt, über Gott zu denken, ist schon eine Reinigung. In anderen Religionen gibt es das nicht, das gibt es nur im Christentum. Mit der Theologie fing die Reinigung an. Dann kam die Aufklärung und dann die Bibelkritik. Das sind alles Reinigungsvorgänge. Und dann kam die Psychotherapie, vor allem durch Freud. Das, was ich vorhin geschildert habe, daß menschliche Bedürfnisse auf Gott übertragen werden und daß das zu Verzerrungen führt, die, wenn man von Gott denkt, wie ein Philosoph denkt, eigentlich völlig absurd sind, das wurde von Freud deutlich gesehen. Diese Psychotherapie hat daher auch eine aufklärende oder aufklärerische Wirkung, die zu einer Reinigung der Religion führt.

Natürlich gibt es auch Psychotherapien und psychotherapeutische Schulen, die sich aufspielen, als seien sie Kirchen. Dann gibt es einen Offenbarer und es gibt Anhänger und eine rechte und eine falsche Lehre nach den Mustern der Kirchen. Das halte ich für schlimm. Dann muß diese Psychotherapie genau die gleiche Reinigung durchmachen wie die Kirchen.

Mit der Konfrontation mit dem Nichts.

Ja, genau.

Das Gespräch mit Bert Hellinger führte Hartmut Weber.

Gernot Sonneck

Der Tod eines Patienten – und wie weiter?

Nach einem Osterurlaub, den ich mit meiner Familie verbracht hatte, komme ich zu meiner Arbeit zurück und finde dort die Todesnachricht von einem 35jährigen Patienten vor, den ich elf Jahre lang behandelt hatte, und der seit etwa sechs Jahren gemeinsam mit seiner Frau zu mir kam. Meine tiefe Betroffenheit ist leicht nachzuempfinden und ebenso leicht verständlich: Ich habe ihn fast ein Drittel seines Lebens begleitet, und nun diese abrupte Beendigung unserer Beziehung. Was ging mir alles durch den Kopf! War es ein Suizid, eine innere Erkrankung, eine Medikamentenreaktion, ein Unfall?

Immer wieder war er deutlich suizidal eingeengt gewesen. Habe ich doch etwas übersehen? (Wenn wir jemanden lange in Betreuung haben, viele Krisen mit ihm gemeinsam bewältigt haben, wird oft unser Blick für die Nöte des Patienten getrübt, *wir,* die Therapeuten, haben uns an sein Leid gewöhnt, er, der Patient, sich nicht.) Welche andere Erkrankung könnte es gewesen sein? Hätte ich das nicht merken müssen? Habe ich sein Übergewicht vielleicht bagatellisiert? Habe ich ihm Medikamente gegeben, die er nicht vertrug? Wir waren mitten in einer Änderung der Therapie. Oder war es ein Unfall, eventuell als verkappter Suizid, ging es ihm psychisch und/oder körperlich so schlecht, daß er unaufmerksam war, hatte er starke Medikamentennebenwirkungen?

Spätere Gedanken: War es der frühe Tod, der manchen unserer chronischen Patienten ereilt, die früh altern und wie so viele andere Randgruppenangehörige vor der Zeit sterben? Um dem Ehepaar mehr Autonomie zu ermöglichen, hatte es die Frau des Patienten übernommen, ihm die Depotinjektionen zu geben. War da etwas passiert? Hatte ich *ihr* zu viel Verantwortung gegeben, die eigentlich *ich* hätte tragen müssen, da es sich um eine eindeutige medizinische Verantwortung handelte?

Und als ich dann die Gerichtsmedizin anrief und man mir mitteilte, daß sich unausgesprochen die Frage einer Vergiftung stelle, ging es mir auch um nichts besser.

Alle diese Fragen – und es waren noch einige mehr – münden in eine einzige Frage: Was habe *ich* falsch gemacht?

Nach dem ersten Schock der Betroffenheit erlebe ich

– eine Verschiebung, eine Distanzierung und eine Fremdschuldzuweisung: „Menschen, Patienten sterben eben."
– Abwehr: „Ich habe mit seinem Tod nichts zu tun, ich habe getan, was ich konnte.
Der Patient ist selbst schuld, er hielt sich ja nie an meine Anweisungen.
Die Umgebung hat ihn in den Tod getrieben, die Familie, Bekannte usw.
Meine Kollegen sind Stümper, an dem fieberhaften Zustand, der kurz vor seinem Tod auftrat, hätte er nicht sterben müssen."
– Flucht in die Aktivität: „Ich habe jetzt keine Zeit dazu, es ist noch so viel zu tun. Laßt die Toten ihre Toten begraben."
– Depression und Isolation: „Dieser ganze Beruf legt uns viel zuviel Last auf."
– endlich doch Akzeptieren der Realität: „Ich habe ihn verloren."
Diese fünf Möglichkeiten, mit dem Tod eines Patienten umzugehen, erinnern sehr an die fünf Phasen, über die die Auseinandersetzung mit einer unausweichlichen, tödlichen Krankheit läuft, wenn wir uns mit dem Tod, mit der Angst vor dem Tod auseinandersetzen müssen:
– Nichtwahrhabenwollen und Isolation,
– Zorn, Auflehnung,
– Verhandeln,
– Depression,
– Zustimmung.

Wir selbst also, die hinterbliebenen Therapeuten, erleben offensichtlich ganz parallel die Unsicherheit, die implizite und explizite Leugnung, ein oft auch heilsames Übersehen der Wirklichkeit, aber auch die Auflehnung, den Aufruhr, die Beschämung und das Suchen nach einem Sündenbock. Wir erleben ein Hadern und Verhandeln mit dem Schicksal, aber auch Mutlosigkeit, Ohnmacht, Kummer und Leid, bis zur Annahme des Todes als den Abbruch und manchmal auch als das Ende einer Beziehung. Gerade die Abruptheit des Todes läßt uns besonders deutlich dieses Ende der Beziehung erfahren. Wir bleiben nicht selten allein mit unseren „unerledigten Geschäften", der Gegenübertragung, hochtrabenden Therapieplänen oder dem plötzlich entdeckten (noch im Verlauf der Therapie antizipierten) Todeswunsch des Therapeuten. Kann ich jedoch einen Patienten zu seinem Tod hin begleiten, so kann daraus leichter eine andere Beziehung werden, bei der im übrigen oft ungeahnte Qualitäten, gerichtet auf ein Abschiednehmen, über den Tod hinaus wirken können.
Der Tod des Patienten ist für den Therapeuten immer eine schwere „nar-

zißtische Kränkung". Allmachtsphantasien – so gut bearbeitet sie auch immer gewesen sein mögen – weichen blitzartig einem tiefen Unfähigkeitsgefühl, dem Minderwertigkeitsgefühl, das uns so deutlich wie sonst nie unsere eigene Hilflosigkeit und Hilfsbedürftigkeit vor Augen führt. Und erst später finde ich mich wieder in meiner eigenen Geschichte, im Kontext einer Geschichte, einer Gesellschaft, einer Entwicklung, die mir ebenso den Stempel der Bewältigungsideologien und Sicherungstendenzen aufgedrückt hat wie Generationen vor mir.

Nach einer Zeit der Verherrlichung des Todes, damals des Heldentodes, folgte eine lange Phase der Verleugnung und des Verdrängens von Tod und Sterben. Erst die Kritik an der rein naturwissenschaftlichen Zuordnung der Medizin und an einer Gesellschaftsentwicklung, die Selbstverantwortung immer mehr an Institutionen abgab, und an Institutionen, die sich immer mehr in diese Verantwortung hineindrängten, hat das Thema von Tod und Sterben wieder stark in den Vordergrund treten lassen. Intensivmedizinische Maßnahmen lassen sich nicht unbegrenzt einsetzen, um den Tod hinauszuschieben, und in dem rationalen Akzeptieren der Endlichkeit des Lebens ist eine besondere Art der Hoffnung entstanden. Die alten Griechen haben nicht umsonst als eine der härtesten Strafen die Unsterblichkeit festgehalten.

Dem sozial verantwortlichen Psychotherapeuten war es seit langem ein Dorn im Auge, wenn die Psychotherapie fast ausschließlich für junge, reiche, intelligente und möglichst gesunde Patienten in Betracht kam, erst in den letzten zehn bis fünfzehn Jahren kam es hier zu einer Änderung. In einem großen, wichtigen und besonders schwerwiegenden Bereich hat die Psychotherapie allerdings auch heute noch ein kräftiges Defizit: bei den schwersten chronischen Kranken oder bei sterbenden Patienten sowie beim Therapeuten, dessen Psychotherapie scheu und verschämt als Lehranalyse, Kontrollanalyse, Supervision, Fortbildung, Vortrag, Kongreß oder Arbeitstagung getarnt wird. Die Belastung für Patienten, für die Pflegenden und Betreuenden sowie für die Angehörigen ist dabei oft in höchstem Ausmaß groß und von Lügen, Heuchelei und der Tendenz des Abschiebens vergiftet.

Aus den Büchern von Elisabeth Kübler-Ross wird deutlich, da es kein allgemeines Konzept gibt, daß die Betroffenen gemeinsam selbst einen menschlichen Weg des Sterbens finden müssen. Dies zeigt sich ganz besonders bei sterbenden Kindern, die nicht begreifen können, warum sie gequält und von den Eltern nicht geschützt werden, und in Aggression,

Apathie oder verzweifeltes Anklammern flüchten; die Eltern, die zwischen illusionärer Hoffnung, Angst, Wut, Schuldgefühlen, Überforderung und kompensierender Überbetreuung hin und her gerissen werden; Geschwister, die sich vernachlässigt fühlen; Ärzte und Pflegepersonal, die sich gegen diese Tragik abschirmen müssen: alle stehen vor fast unlösbaren Problemen, und doch finden wir immer wieder Familien und medizinische Einrichtungen, die zeigen, daß, wenn man *selbst* den Tod akzeptiert hat, eine reife Bewältigung auch dieser Lage ohne Dramatisierung möglich ist. Dies berechtigt auch, trotz aller Belastungen, die Bemühungen fortzusetzen und nicht in die naheliegende Resignation passiver oder aktiver Sterbehilfe auszuweichen.

Die Angst der Kinder ist meist eine Reaktion auf die Angst der Erwachsenen. Die Aussprachemöglichkeit mit einer in diesen Fragen erfahrenen und engagierten Person ist daher in der Regel eine große Hilfe für die Familie, die zu sehr alleingelassen wird in den unzähligen konkreten und prinzipiellen Fragen, die sich bei solchen Tragödien ergeben.

Hilfeleistung in dieser Beziehung steht in keinem Widerspruch zur generellen Forderung, daß das Selbsthilfepotential der Betroffenen, ihrer Familien, ihrer Freunde und Nachbarn letztlich entscheidend sein wird. Wir müssen mit allen professionellen Interventionen dieses Ziel der Autonomie im Auge behalten und uns selbst als subsidiär betrachten. So stellt sich die Hilfe für Schwerstkranke und Sterbende und Hinterbliebene in dieselbe Linie, die wir in der Erziehung, aber auch in der Psychotherapie und etwa in der Altenhilfe ganz allgemein vertreten: daß nur die Aktivierung der Betroffenen eine annähernd optimale Lösung der Schwierigkeiten bedeuten kann.

Es ist keine Frage, daß eine religiöse Verwurzelung eine große Hilfe sein kann. Leider zeigt aber die Praxis, daß in Extremsituationen diese Bindung nicht immer hält und daß es von individuellen Vorbedingungen abhängt, wie man seine Orientierung findet.

Zum Menschen gehört das Akzeptieren seiner Begrenztheit, und es ist ein gefährlicher illusionärer Narzißmus, wenn diese Einsicht mißglückt. Auch in unserer technisierten Medizin dürfen wir nicht vergessen, daß wir alle für uns selbst und unsere Patienten diese psychologischen Faktoren berücksichtigen müssen.

Nicht immer aber ist der Tod tatsächlich von Angst besetzt. Ernst Bloch schreibt:

„Kommt man um die letzte Angst herum, in dem sie überhaupt keine ist?

In der Tat lebt zuweilen, wenn ein gesunder Mensch ans Ende sieht, noch ein ganz anderes Gefühl auf. Die Angst wird durch ein seltsames Gefühl der Neugier verändert, durch die Lust zu wissen, was es mit dem Sterben auf sich habe. Dieser Affekt wird gereizt durch die große Veränderung, welche der Tod auf alle Fälle mit sich bringt. Die Neugier verwandelt den fallenden Vorhang in einen ebenso entzweireißenden; das Ende des Lebens ist ihr zugleich der Anfang eines völlig Unerhörten, sei es auch des Nichts. Die Neugier kann sich bis zu einer Art Forschungs- und Erkenntniswunsch verbessern, sie ist auf den Akt des Sterbens wie auf den einer Enthüllung gespannt. Dieser Forschungstrieb setzt freilich ein Ich voraus, das während des Sterbens, ja nach ihm erhalten bleibt, um den Tod beobachten zu können. Schopenhauer spottet sehr bemerkenswert hierüber, er vergleicht den Menschen, der im Tod besondere Aufschlüsse erwartet, einem Gelehrten, der einer wichtigen Entdeckung auf der Spur ist, doch im gleichen Augenblick, wo er die Lösung zu sehen scheint, wird ihm das Licht ausgeblasen."

Oft auch ist unsere eigene Todessehnsucht, unsere eigene Suizidneigung vom Tod des Patienten angesprochen, der Tod des Anderen gibt meinen Tendenzen recht und entscheidet nun vielleicht meinen eigenen Kampf gegen den Suizid für ihn. Das kann Erleichterung, Todessehnsucht und Todeswünsche bewirken, ebensogut aber auch Angst und neuerliche Unsicherheit.

Psychotherapie kann als Vorbeugung bei Suizidgefahr, als Nachbehandlung sinnvoll sein und in einem Selbsterkenntnisprozeß mehr über unser Verhältnis zum Tod und damit zum Leben aussagen als irgendeine andere Disziplin. Der Suizid ist immer der größte „Gegner" gewesen, gegen den man ankämpft. Gegenüber den beiden anderen, Regression in der individuellen und Segregation in der Sozialpsychiatrie, ist es die endgültige und dramatische Demonstration der „Hilflosigkeit der Helfer".

Interkurrent auftretende tödliche Erkrankungen, lebensbedrohende Psychosomatosen, tödliche Unfälle, Suizide und die psychotherapeutische Begleitung von Schwer- und Todkranken konfrontieren uns unausweichlich mit dem Tod, mit dem Tod derer, die uns anvertraut, oft vertraut werden (wenn wir uns mit unserer professionellen Attitüde dies noch zutrauen können).

Können wir alles erklären, notfalls auch deuten?

Wir können einiges verstehen und nur weniges nachempfinden. Letztlich und für den einzelnen bleibt Wehmut und ein Stück Verlassenheit.

Erwin Bartosch

Der Zwang und das Gefühl von Sicherheit

Der Zwang, von Freud ehrfürchtig *Ananke* genannt, steht in direkter Verbindung mit *Chronos,* der unerbittlich vergehenden Zeit.

Die Zeit ist es, die uns die Frage nach der Sicherheit, dem Sicherheitsgefühl aufdrängt: Wenn es heute endlich gut ist, wie wird es morgen sein? Wie lange währt das Glück? Und wie ist es mit dem Ende, um das wir auch immer wissen?

Der Zwang und die zugehörigen Phänomene sind keine Spezialität der Neurosenlehre. Es sind Grundbefindlichkeiten menschlicher Existenz, die wir an den offenkundig zwangsneurotischen Erscheinungen deutlicher wahrnehmen können.

Ich möchte in dieser Arbeit versuchen, die grundlegende Bedeutung des Sicherheitsgefühls für das, was wir Zwang nennen, darzustellen. Dazu möchte ich zuerst auf einige Phänomene eingehen, die wir dem Bereich des Zwanges zuordnen, um aus ihnen ein Verständnis für das Gefühl der Sicherheit abzuleiten, und so zeigen, wie grundlegend Zwang und Sicherheitsgefühl miteinander verbunden sind. Damit gebe ich eine Interpretation des Zwanges auf selbstpsychologischer Basis. Ich werde dann versuchen, diese selbstpsychologische Interpretation um die Ergebnisse der Säuglingsforschung zu ergänzen, und so dem Zwang einen Ort in der Entwicklung des Selbst zuordnen.

Die Phänomene

Ich werde mich im Folgenden weniger mit den spezifischen zwangsneurotischen Symptomen beschäftigen, sondern mehr mit den Phänomenen, die ich als grundlegend für den Zwang im allgemeinen oder für „das Zwanghafte" ansehe, und die demgemäß auch die Grundlage der zwangsneurotischen Symptome bilden.

Nach der klassischen Theorie liegt der Zwangsneurose ein Konflikt zwischen einer Triebstrebung einerseits und der Abwehr dieses Triebes andererseits zugrunde. Ich möchte diese Sicht einmal beiseite stellen und die Phänomene vom selbstpsychologischen Standpunkt her darstellen und zu einem Verständnis führen.

Der Zwang: Ein Leben, das von Vorstellungen
und inneren Bildern bestimmt ist

Wenn wir uns auf das innere Erleben des Zwanghaften einlassen, wird bald deutlich, daß er aus immer schon vorliegenden Vorstellungen heraus lebt und anhand und mithilfe dieser Vorstellungen sein Leben gestaltet. Oft sind es Vorstellungssysteme, die sein Erleben und Handeln bestimmen. Die Grenze zwischen aktivem Handeln und passivem Erleben ist nicht klar zu ziehen. Natürlich gibt es menschliches Leben nur in der Weise, daß wir mit unserem inneren Repertoire oder mit inneren Mustern auf das, was uns von außen begegnet, antworten. Beim Zwanghaften ist diese Antwort, weil sie vorgeformt bereitliegt und in den verschiedensten Situationen in gleicher Weise verwendet wird, aber nicht entsprechend und behindert ihn und seine Entwicklung, was ihm mehr oder weniger erlebbar oder bewußt ist.

Ein 35jähriger Patient ist lange Jahre schon von Gedanken gequält, ob die Wirklichkeit wirklich die Wirklichkeit ist oder ob da etwas von Anfang an drin wäre, das ihm die Wirklichkeit nur vorspiegelt. Daran schließt sich immer wieder seine bange Frage, ob denn das im Geist doch so geregelt wäre, daß man weiß, daß es so etwas nicht geben kann, daß es also ein inneres Wissen um die Wahrheit gäbe, aufgrund dessen wir sicher sein können, daß so etwas nicht möglich ist. Gleich darauf überfallen den Patienten wieder Gedanken, es könnte doch etwas in dieses „Grundwissen" eingedrungen sein, wovon er nichts weiß, sodaß er wieder von vorn beginnen muß, zu denken, ob die Wirklichkeit auch wirklich wirklich ist. Vor diesen Kettengedanken, die er auch Labyrinth nennt, hat er fürchterliche Angst. Sie bestimmt sein Leben.

Durch diesen Patienten, der sich oft nahe an der Grenze zum Psychotischen bewegte, wurde mir in besonderer Weise deutlich, wie es im Zwang immer wieder um das Gefühl der Sicherheit geht. Auf der Grundlage der Idealisierung meiner Person mußte er, gleichgültig, was am Ende der Stunde besprochen worden war, stereotyp zwei Jahre lang im Hinausgehen fragen: „Ist das auch wirklich sicher, Herr Doktor, daß wir ein inneres Wissen von der Wahrheit haben, in das nichts hinein kann?" Ich mußte darauf „Ja, das ist sicher" antworten. „Also gibt es keine Kettengedanken?" „Nein." „Und kein Labyrinth?" „Nein." Erst dann konnte er sich verabschieden.

Die Vorstellungen, die er sich zum Teil machte, die ihn zum Teil überfielen, bestimmten sein Leben in einer Weise, daß er den Außenwahrnehmungen oft gar kein Gewicht geben konnte. Dabei stellte er sich all das, woraus er sein Gebäude errichtete, „das Geistige", „das innere Wissen", „das Grundwissen" oder „die Wirklichkeit", als etwas Räumlich-Dinghaftes vor, was erst mühsam in der Therapie herausgearbeitet werden mußte. Jedesmal, wenn er sich in irgendeiner Weise nicht sicher fühlte, setzten die Gedanken ein oder setzte er seine Gedanken und Vorstellungen ein, um sich sicher zu machen. Die Aktion hatte aber immer gerade das Gegenteil zur Folge: Er konnte die Angst nicht bewältigen, sondern verstrickte sich immer mehr in ihr.

Die Geschichte dieses Zwanges hatte in manifester Weise begonnen, als ihn die Eltern zehnjährig in ein Internat steckten, ohne auf seine Bedürfnisse und Schwierigkeiten Rücksicht zu nehmen. Er verbrachte die Woche jeweils in Angst und Zweifel, ob die Eltern ihn zum Wochenende auch wirklich abholen würden. Wenn er am Donnerstag anrief, und die Mutter sagte: „Ja, wir holen dich am Samstag um halb ein Uhr ab", dann begannen in seinem Kopf bereits nach dem Auflegen des Hörers die quälenden Gedanken: Haben sie gesagt, wir holen dich um halb eins ab oder um eins, oder haben sie wirklich „Samstag" gesagt oder vielleicht nicht; „wir holen dich ab" oder hatte er das „dich" falsch gehört … So begann er, sich die Worte dieses Satzes bildlich vorzustellen und bei jedem Wort zu fragen, ob da etwas falsch wäre oder „hinein könne", was das Wort wieder ungültig machen würde. Das Hemd, mit dem er nach dem Wochenende wieder ins Internat kam, mußte fein säuberlich aufgehängt bleiben und durfte nicht getragen werden, sonst würden ihn die Eltern zum nächsten Samstag nicht abholen. Von der Wurst, die er von zu Hause mitbekommen hatte, durfte er jeden Tag nur ein ganz kleines Stück abbeißen, damit sie bis zum Wochenende reicht, sonst würde er nicht abgeholt.

Wir sehen an diesem Beispiel, wie ein Mensch, zutiefst im Zweifel darüber, ob die ihm lebensnotwendig scheinenden Bedingungen seiner Existenz auch erfüllt werden, zu inneren Vorstellungen greift, mit denen er selber hantieren kann, um sich für den Augenblick ein kleines Stück von jenem Gefühl von Sicherheit zu erzeugen, über das andere Menschen ohne ihr Zutun verfügen.

Ich möchte zwei weitere Beispiele anfügen:
Eine Patientin hatte mich oder ihre Beziehung zu mir in den ersten Jahren ihrer Analyse nie erwähnt. In dieser Stunde fiel ihr auf, daß sie eine Frage, die sie stellen wollte, doch nicht stellte. Ich hatte ihr angekündigt, daß ich einen der folgenden Termine wegen eines Arzttermins nicht einhalten

könne. Sie stellte die Frage nicht, weil ihr die Vorstellung dazwischenkam, daß sie keine Antwort bekäme. Der nächste Schritt in ihrem Innern bestand darin, daß sie sich vorstellte, sie könnte sich dadurch, daß sie die Frage stellt, falsch verhalten. Damit wäre sie „unsensibel", was für sie ein ganz negativ besetztes Bild von Kindheit an war. In der Familie galt nur, was oder wie man sein mußte, sensibel zum Beispiel, aber nicht, wie man wirklich war oder gar, was man wollte.

Die Patientin ist in ihrem Handeln von einer Vorstellung bestimmt, nämlich sensibel sein zu müssen. Diese Vorstellung stellt sich zwischen den Antrieb zu einer Handlung und deren Ausführung und behindert so den organischen Ablauf von Strebung und Befriedigung des Bedürfnisses. Indem sie zur Vorstellung greift, wie sie sein sollte, behindert sie konsequent den Ablauf ihres inneren und äußeren Lebens. Auch darin wird der Versuch deutlich, sich ein Gefühl von Sicherheit zu erhalten. Sie nimmt im Augenblick, da Befriedigung oder Versagung möglich wäre, Zuflucht zu den von der Mutter übernommenen Vorstellungen. Auf diese Weise bewahrt sie sich davor, sich dem Erlebnis von Bedürfnisspannung, Befriedigung oder auch Versagung auszusetzen.

Im dritten Beispiel wird eine Vorstellung benutzt, um sich vor nicht bewußten Verschmelzungswünschen zu sichern:

Ein Patient hat den Gedanken, daß er dieselbe Luft atmet, die ein anderer schon in den Lungen hatte, was ihm ekelhaft ist. In dieser Vorstellung kommt der Wunsch nach Verschmelzung ebenso wie die Schranke dagegen zum Ausdruck. Erlebbar ist für den Patienten nicht der Wunsch, sondern nur mehr ein Gedanke, in dem die Schranke gegen den Wunsch, der Ekel, enthalten ist.

Im letzten Beispiel wird deutlich, was auch die klassische Theorie als charakteristisch für die Zwangsneurose hervorhebt: die Isolierung des Affektes von der Vorstellung – das wäre in diesem Fall ein Gefühl, das dem Wunsch nach Verschmelzung zugehört – und die Reaktionsbildung oder Gegenbesetzung – in diesem Fall der Ekel.

Das Phänomen, das ich in den Beispielen dargestellt habe, entspricht dieser klassischen Sicht, wenn auch der Zweck oder die Intention, die ich aus selbstpsychologischer Sicht unterstelle, eine andere ist: Es geht nicht um die Abwehr einer Triebstrebung, die mit einem Verbot belegt ist und die Kastrationsangst im Hintergrund hat, sondern um den Versuch, ein Gefühl von Sicherheit zu erzeugen. Das erscheint der Person nur möglich, indem sie Zuflucht zu bestimmten, vorgefertigten Vorstellungen nimmt, die mit einem archaischen Selbstobjekt in Verbindung stehen.

Diese Verbindung ist ebenso unbewußt wie das Bedürfnis, von einem archaischen Selbstobjekt jenes Gefühl von Sicherheit zu bekommen, das der Person nicht zur Verfügung steht.

Müssen und Verweigern

Ein zweites Thema scheint allen Zwangserscheinungen zugrunde zu liegen. Der Zwanghafte lebt einerseits von der absoluten Gültigkeit seiner Vorstellungen, andererseits im „Müssen und Verweigern". Jede seiner Handlungen und Erlebensweisen ist davon geprägt. Bewußt erlebbar ist für ihn eher die Seite des Müssens, die Verweigerung wird, wenn überhaupt, als Nicht-Können erfahren. Er lebt in einem Raster von Vorstellungen, Vorschriften und Lebenszielen, die gebieterisch ihre Erfüllung fordern. Er kann sich ihrem Forderungscharakter nicht entziehen, wenn auch auf der anderen Seite immer eine Weigerung mitschwingt, die dazu führt, daß die Ziele faktisch nicht erreicht werden. Wenn er sie doch erreicht, bleibt ein schales Gefühl zurück, als hätte er sich selbst verraten. Dieses Gefühl kann auch als Leere oder Sinnkrise erlebt werden, wie wir sie etwa in der Krise um die Lebensmitte kennen.

So sagt ein 45jähriger Patient, der äußerst erfolgreich ist und eigentlich alles erreicht hat, was er wollte: „Ich kann mich gar nicht erinnern, wann ich zuletzt etwas getan habe, was ich wirklich wollte!" Dieser Patient erlebte seine Weigerung nur selten, immer häufiger jetzt in der Analyse. Wohl erlebt er seine innere Leere und sein Gefühl, nicht er selbst zu sein, weswegen er in Analyse kam.

Auch die zuvor erwähnte Patientin hat nur wenig Zugang zu ihrer Weigerung, wenn sie sagt: „Das ist die leichteste Lösung: sich an das zu halten, was man *soll*" – in diesem Fall an das Assoziieren –, „weil man nicht weiß, was man will." Damit wählt sie einen Ausweg aus der Ambivalenz, den sie freilich in ihrem Leben teuer bezahlt.

Einem anderen Patienten wird im Lauf der Analyse immer deutlicher, daß er jeden Satz, auch mir gegenüber, zuerst zustimmend formuliert, er aber daraufhin, zumindest innerlich, jedesmal ein „Nein" oder ein „Aber" anschließt. So ist jede seiner Antworten von diesem „Ja – aber..." geprägt. Auch sein klagender Tonfall bringt diese Struktur des Antwortens zum Ausdruck. Die eigentliche Ambivalenz des Zwanghaften liegt darin, daß er einerseits um Hilfe bittet, gleichzeitig aber diese Hilfe zurückweist, indem er sagt: Nein! Geh weg! Ich kann es allein! Was der Zwanghafte gar nicht haben kann, ist, daß er gedrängt wird, daß er bestimmt wird oder daß jemand versucht, ihn zu überzeugen, und sei es davon, daß er reden soll. Andererseits wünscht er sich den Anstoß, jemanden, der ihn anregt, sodaß er von sich aus etwas sagen kann. Die Regel der freien Assoziation ist für den zwanghaften Patienten und seinen Analytiker eine heimtückische Falle, aus der beide oft jahrelang keinen Ausweg finden.

Wie können wir diese Struktur der Kommunikation, die Bitte um Hilfe einerseits, die damit Hand in Hand gehende Zurückweisung des realen Hilfsangebotes andererseits, selbstpsychologisch verstehen?
Der erste Teil entspricht einem offenen Selbstobjektbedürfnis, nämlich dem nach einer idealisierbaren Person oder sonst einem idealisierbaren Objekt. Dieses Bedürfnis ist aber mit dem Engramm der Enttäuschung verbunden, die nie wieder gutgemacht wurde. Deshalb wird das reale Hilfsangebot mit zwingender Notwendigkeit zurückgewiesen.
In der Weigerung steckt allerdings auch ein Nutzen für die Person und ihr inneres Erleben: Aus ihr bezieht der Zwanghafte jene Überzeugung von der Richtigkeit seines Tuns und Erlebens, die in seltsamem Widerspruch zu den offenkundigen und auch ihm erlebbaren Unsicherheiten seiner Person steht. Oft macht es den Eindruck, als würde neben oder hinter der real gelebten, unsicheren Person eine andere Person stehen, die sehr wohl um die Berechtigung der Durchsetzung der eigenen Wünsche und Strebungen weiß und die in Wirklichkeit die viel realere ist. Diese Sicherheit bezieht der Zwanghafte aus dem Gefühl, etwas, das er vom anderen, vom Selbstobjekt gebraucht hätte, da es ihm nicht gegeben wurde, sich selbst machen zu können. Darin besteht nun seine Selbstsicherung, die allerdings brüchig bleibt, der Konsistenz entbehrt und durch Starrheit kompensiert wird.
So sagt ein Patient, daß er eigentlich bis heute in der Überzeugung lebt: „Wenn ich brav bin, kann ich etwas beeinflussen." Darin klingen Magie und Allmacht an. Magie bedeutet ja den Versuch, mit den Mitteln der archaischen Selbstobjektbeziehung die Realität zu verändern. Das Zwingende am Zwang oder jedenfalls die Wiederholung hat den Grund, daß die Realität sich eben nicht so einrichten läßt, mithilfe der Magie etwa, daß man keine Angst mehr haben müßte. Deshalb muß die Handlung wiederholt werden, während die Angst der Niederschlag der offenen Selbstobjektbedürftigkeit ist.
Vereinfachend kann man sagen: Angst und Trotz prägen die Persönlichkeit des Zwanghaften.

Ich habe diese beiden Phänomene hervorgehoben, weil ich glaube, daß an ihnen die Ursachen des Zwanges am besten deutlich zu machen sind.

Wut und Angst als Motor des Zwanges

Welche sind nun die Gefühle, die den Zwang am Leben erhalten, die also den Motor des Zwanges darstellen?

Die klassische Theorie hebt im Zusammenhang mit dem Zwang das Schuldgefühl, bewußt oder unbewußt, in besonderer Weise hervor. Schuldgefühle begegnen uns beim Zwanghaften meist an der Oberfläche, oft ist der Grund dafür unbewußt. Ich halte sie aber für sekundär und würde ihnen nicht die Funktion eines Motors des Zwanges zuteilen.

Direkt in Verbindung mit dem zuletzt dargestellten Phänomen von „Müssen und Verweigern" steht dagegen das Schamgefühl. Es besteht darin, daß das Selbstbild, wie es sein sollte, nicht verwirklicht ist und deshalb nicht nach außen gezeigt werden darf. Wir schämen uns unserer Ohnmacht wegen, wenn es uns nicht möglich ist, unsere eigene Sache durchzusetzen, und wir dem Willen eines anderen entsprechen müssen. Ein Kind, das geschlagen wird, schämt sich, nun doch tun zu müssen, was durch die Schläge erzwungen wird. Seiner weiterbestehenden inneren Weigerung kann das Kind noch gerecht werden, indem es den Schmerz nicht zeigt und so wenigstens dem Schamgefühl nicht ganz ausgeliefert ist. Der Zwanghafte richtet sich nach inneren Bildern aus. Die Kluft zwischen der Realität und der Vorstellung von sich selbst wird als Schamgefühl spürbar.

Wenn auch das Schamgefühl ebenso wie der Ekel große Bedeutung für die Zwangserscheinungen haben und besonders in der Therapie eine hervorragende Rolle spielen, so würde ich sie doch ähnlich wie das Schuldgefühl als sekundär ansehen.

Als „Motor des Zwanges" fungieren wohl Angst und Wut. Sie sind die beiden Gefühle, die dem Zwang zugrunde liegen, ihn am Leben erhalten und, soweit sie diese Funktion erfüllen, unbewußt sind. Sie sind in der traumatisierenden Situation entstanden und bleiben mit ihr und den Bildern jener Personen verbunden, die das Trauma verursacht haben, mit den nicht entsprechenden Selbstobjekten. Sie sind auch direkt verknüpft mit den offenen Selbstobjektbedürfnissen, und jeder gescheiterte Versuch, diese Bedürfnisse doch zur Erfüllung zu bringen, aktiviert aufs neue die alte Angst und die alte Wut. In den Zwangserscheinungen erleben wir allerdings nur mehr die durch die Abwehr veränderte Form dieser Gefühle. Es kann Jahre dauern, bis ein Patient in der Analyse seine Wut erleben kann oder sein unklares Gefühl als Angst benennen kann.

Ein Patient konnte sehr wohl sein Schuldgefühl erleben und betrachtete es als Ursache für seine Zwangshandlungen. So mußte er z. B. alle Bücher am Abend wegräumen, obwohl er das unvernünftig fand, weil er sie am nächsten Morgen für seine Arbeit wieder brauchte. „Weil ich mir das nicht zumesse", sagte er, „verwische ich all meine Spuren".

Als er sich dann darauf einläßt, daß er immer das Gefühl hatte, keinen Platz zugemessen bekommen zu haben, empfindet er es zum ersten Mal als empörend, daß man ihm als Zehnjährigen einen Cousin vom Land, der in Wien studieren wollte, ins Zimmer setzte. Er kann sich bis heute als selbständige Person mit Wünschen und Bedürfnissen nicht ernst nehmen. Ein Recht hat er nur, wenn er „für" etwas ist: für die Familie, für die Gesellschaft, für das Geschäft.

Ich möchte zur Veranschaulichung, wie die Wut verpackt ist, sich aber dann doch äußert, eine Szene aus der Analyse darstellen: Der Patient läutet seit zwei Jahren auf die Minute genau am Gartentor. Ich betätige den Öffner, und nun ist er meist schon vor der Wohnungstür, wenn ich öffne, sodaß er einige Sekunden warten muß. Nun öffnete ich einmal die Tür, als er erst am unteren Treppenabsatz war. Ich hörte, daß er zu laufen begann, als er das Öffnen hörte, offenbar zwei Stufen auf einmal nehmen wollte und dabei stolperte. Er sagt dazu, daß er in bezug auf sein Ankommen ein Idealbild vor sich hat: Er kommt am Treppenabsatz an, in dem Moment geht die Tür auf. Wenn er warten muß, wird er böse, wenn schon offen ist, erlebt er ein Schuldgefühl. Er sagt, daß hinter diesem Idealbild der Kampf steht. Dieses Bild ist der Versuch, den besten Kompromiß aus dem Kampf zu finden, aus dem immer noch andauernden Kampf um ein Stückchen „Erde", um das, was einem zusteht. Der Kompromiß, den er sich bildlich vorstellt: daß jeder der beiden seinen Teil des Kontraktes richtig erfüllt. Er hat die Beziehung zu mir von vornherein als Kampf verstanden und sich selbst auch sonst immer als Kämpfenden erlebt. Das wird immer schon daran deutlich, daß er auffallend viele Vokabeln aus dem militärischen Sprachgebrauch verwendet. „Wenn ich einen Platz habe, dann gibt es mich", formuliert er.

Wir sehen an diesem Beispiel, wie es das innere Bild ist, das die Handlungen ausrichtet. Wir sehen daran, wie das von ihm erlebte Gefühl, das Schuldgefühl – er könnte noch nicht vor der Tür stehen, wenn sie geöffnet wird –, von ihm für die Ursache der Handlung gehalten wird. Und wir sehen daran die hintangehaltene und in verschiedener Weise verformte Wut, der sich auch der Analytiker in seinen Aktionen nicht entziehen kann. Aber wir sehen an diesem Beispiel noch etwas anderes, das uns direkt zur Ursache oder zu der Art und Weise des Traumas, wie es für den Zwang charakteristisch ist, führt: Im inneren Bild des Patienten – er kommt an die Tür und sie öffnet sich in dem Moment – ist ein organischer Ablauf dargestellt, ein Ablauf von Erregung und Entspannung. Daß dieser Ablauf zum guten Ende kommt, ist die eigentliche Intention des Patienten, in seinem inneren Bild dargestellt, durch die Vorstellung vom Kampf und der dahinterliegenden Wut problematisiert.

Wir sehen schon, die Rechnung kann nicht aufgehen, es bleibt nur die Wiederholung des Versuches als Ausweg, die wir Zwang nennen.

Die Angst wurde noch nicht so deutlich erkennbar: Sie steht hinter dem ganzen Vorgang, als ein Wissen davon, daß es sich auch diesmal nicht ausgehen wird, der Ablauf wieder in irgendeiner Weise unterbrochen werden und er mit seiner Hoffnung auf den guten Ausgang wieder in der Luft hängenbleiben wird.

Die Ursachen

Die Störung in der Spannungsregulierung –
Die Unterbrechung des Erregungsablaufes

Ich denke, wir können davon ausgehen, daß jede Form von Erregung – besonders am Anfang des Lebens ist körperliche und psychische Erregung noch nicht voneinander zu trennen – einen Status von Unsicherheit im Organismus erzeugt. Entgegen der Freudschen Ansicht, alles Lebendige strebe nach Aufhebung der Spannung, Reizbewältigung hätte die Ausschaltung des Gereiztwerdenkönnens zum Ziel, wie es im Konstanzprinzip, Nirwana- oder Todesprinzip impliziert ist, sieht die Selbstpsychologie das psychische Ziel im Zusammenhang mit dem Erregungsablauf anders.

Sie sieht das psychische Ziel darin: den Ablauf von Erregung und Entspannung in Sicherheit zu Ende bringen zu können.

Wir wissen, daß die Regulierung der Spannung zu den vorrangigsten Bedürfnissen des Säuglings zählt. Wenn es der Mutter gelingt, ihren Teil im Hin und Her von „Frage und Antwort" in der Beziehung zu ihrem Kind beizutragen, ist der grundlegende Schritt zum Aufbau eines gesunden Selbst getan.

Spätestens ab der Möglichkeit des Kindes, zu symbolisieren, d. h. innere Bilder abrufen und mit ihnen hantieren zu können, bildet das Kind eine idealisierte Imago von der Person, die seine Spannung reguliert. In dieses Bild wird alles eingehen, was von der maximalen Befriedigung übriggeblieben ist. Die idealisierte Elternimago wird also das Erbe der nicht gelungenen Spannungsregulierung antreten. Je mehr Bedürfnisse bis dahin offengeblieben sind, umso stärker wird die Idealisierung sein. Da die Mutter aber dieselbe geblieben ist, wird sie dem Kind gerade in den entscheidenden Punkten wieder nicht oder jetzt umso weniger entsprechen können.

Welche Rolle spielt nun die Spannungsregulierung und die ihr nachfolgende Idealisierung für das Problem des Zwanges?

Zum ersten sehen wir am Erscheinungsbild des Zwanghaften oder des Zwangsneurotikers, daß er sich auf Erregung, die er nicht in irgendeiner Weise selbst steuert, nicht einlassen kann. Entweder er bringt sich selbst, oft künstlich, in Erregung oder er muß sie zumindest in einer Weise kontrollieren, daß er keine volle Befriedigung darin finden kann.

Zweitens werden von den Zwanghaften in der Analyse immer wieder Kindheitserinnerungen berichtet, die die Situation der Unterbrechung des Erregungsablaufes zum Inhalt haben. Wir können sie durchwegs als Deckerinnerungen oder Modellszenen werten, d. h. als eine Art Konzentrat von lang davor schon bestehenden Kommunikationsmustern, oder als ein ins Bild gefaßter Ausdruck eines emotionalen Klimas der Kindheit.

Eine oft berichtete Szene ist die, daß der Bub der Mutter seinen erigierten Penis zeigt und die Mutter abwehrend, zurückweisend, erschreckt oder zurechtweisend reagiert. Dabei geht es nicht um die einmalige Situation, und sie ist sicher nie „Auslöser" eines psychischen Problems, mehr ein Indikator dafür, daß ein problematisches oder krankmachendes Klima vorliegt. Das Erleben des Kindes besteht darin, daß es aufkeimende Erregung spürt, diese aber mit der Mutter nicht in kindgemäßer Weise, also ihm entsprechend gesichert zu Ende gebracht werden kann. Es wird damit allein oder hängengelassen und muß in irgendeiner Weise selbst damit fertig werden, wiewohl das seinen Möglichkeiten noch nicht entspricht.

Ein Patient, voll von Haß gegen seine Mutter, erzählt, daß er kürzlich Fotos durchgesehen hat, wo er mit seiner Mutter abgebildet ist. Er sagt, daß die Stimmung, die er dabei erlebt hat und die ihn an die Stimmung seiner Kindheit erinnerte, grau und trist war: Auf keinem einzigen Foto schaut seine Mutter ihn an, und auch er schaut sie nie an. Er erinnert sich, daß er oft mit ihr in der Badewanne saß, er wohl ihren Körper und ihr Genitale sah und sich auch erregt fühlte durch den Anblick. Die begleitende Kommunikation, die dem Erleben des Kindes den entsprechenden Rahmen hätte geben können, sodaß es darin gehalten gewesen wäre, fehlte aber zur Gänze. Als ich ihm das sage, bricht es anfallsartig aus ihm heraus, er wird von wütendem Weinen geschüttelt.

Hätte die Mutter ihn angeschaut, hätte es auch ihr entsprochen, ihn anzuschauen, dann hätte die Mutter teilnehmend an der gemeinsamen Erregung mit ihren erwachsenen Möglichkeiten dem Kind, das dann auf sie hätte schauen können und an ihrem inneren Erleben hätte teilnehmen können, vermittelt, wie Erregung in einem gesicherten Rahmen zu einem guten Ende kommen kann.

Spannungsregulierung bedeutet, ein Sicherheitsgefühl zu erzeugen oder herzustellen. In frühester Kindheit gibt es zuerst die Engramme von gelungener Regulation. Diese haben ein Sicherheitsgefühl zur Folge, das mit „dem Anderen", dann mit der idealisierten Imago verbunden wird. Im besten Fall wird diese Imago zur Struktur verinnerlicht.

Ich glaube, daß die Zärtlichkeit in bezug auf die Spannungsregulierung eine entscheidende Rolle spielt. In der Zärtlichkeit wird die Erregung aufgehoben, in einen Rahmen gestellt, der Sicherheit gibt, besonders auch dadurch, daß die Körpergrenzen spürbar werden.

Die Angst, vor der sich der Zwangsneurotiker insbesondere schützen muß, ist die vor dem Verschwimmen der Grenzen, vor dem Weggeschwemmtwerden. Dahinter steht seine Sehnsucht nach dem Verschmelzen, nach etwas Ozeanischem. Es ist die angstvolle Sehnsucht nach einem Selbstobjekt, mit dem er verschmelzen kann und mit dem es ihm gelingen könnte, die Starrheit und den Druck der Grenzen, den er sich nun längst selber erzeugt, aufheben zu können.

In der Zärtlichkeit kann sich das Kind fallen lassen – sich seiner selbst sicher, des Geliebtseins seines Körpers sicher und der Mutter oder des Vaters sicher.

Die Zärtlichkeit ist eine gewichtige, keineswegs die einzige Form der Spannungsregulierung.

Wird die Regulation der Spannung nicht von außen vermittelt, so bleibt dem Kind nichts anderes übrig, als zu eigenen Mitteln zu greifen und innerlich zu sagen: Ich brauch' niemanden mehr!

Das Leben in Bildern und Vorstellungen und das „Müssen und Verweigern" ist die in die eigene Verfügung genommene Selbstsicherung

Der Zwang entsteht daran, daß der organisch vorgezeichnete Ablauf der Erregung unterbrochen wird. Es ist ein Gedanke aus den Anfängen der Psychoanalyse, daß der Coitus interruptus Ursache für die neurotischen Erkrankungen sei. Wir können diesem Gedanken heute doch einiges hinzufügen.

Eigentlich sollte die Erregung über den Höhepunkt zur Entspannung getragen werden, das wäre „ideal". In jedem anderen Fall ist die „idealisierte Imago" nötig, wenn sie auch erst mit dem Einsetzen der Symbolisierungsfähigkeit als solche gebildet werden kann. Traumatisch wird die Situation, wenn die idealisierte Elternimago nun dieselbe Schädigung wieder setzt und den Erregungsablauf unterbricht. Unterbrechung bedeutet in diesem Zusammenhang alles, was den Idealablauf von Erregung und Entspannung behindert oder unmöglich macht.

Der eingangs erwähnte Patient, der von den Ängsten gequält war, in seinem Geist könnte etwas drin sein, das ihm die Wirklichkeit nur vorspiegelt, und der immer fragte, ob es ganz sicher sei, daß es kein Labyrinth gäbe, hatte nach etwa zwei Jahren Therapie (zweistündig im Gegenüber) für mich eigentlich unerwarteterweise eine gewisse Umgangsweise mit seinen Ängsten erworben, er war ihnen nicht mehr so rückhaltlos ausgeliefert und konnte ihnen gegenüber Stellung beziehen. Nach einem Urlaub, in dem es ihm gutgegangen war, kam er – offenbar, da ich nun als Selbstobjekt wieder verfügbar war und er nicht mehr gezwungen war, seine Ängste selbst zu kontrollieren – mit einer neuen Angst: Wenn schon nichts in seinem Geist drinnen sein kann, so könnte es ja sein, daß etwas sich neben seinen Geist stellen und ihm vormachen könnte, daß das jetzt er ist. Da wäre dann etwas, das ihn verdrängt oder seinen Platz streitig macht, ihn beiseite drängt und sagt: da bin *ich* jetzt. Ich interpretiere, daß der Grund dafür die Beziehung zum Vater sei, der ihn verdrängt hat, keine Rücksicht genommen und seine Meinung einfach an die Stelle der Meinung seines Sohnes gesetzt hat. Jetzt erzählt er, daß er im Urlaub das Erlebnis einer Erkenntnis hatte, das ihn ganz tief betroffen hat: Plötzlich wurde ihm ganz klar, daß er seit seiner Einweisung ins Internat immer *etwas machen mußte,* die Aktivität lag immer bei ihm, um sich in den Grundlagen seiner Existenz zu sichern. Sicherheit war nie selbstverständlich oder von Anfang an gegeben. Er selbst mußte sie sich machen, z. B. indem er telefonierte, um zu fragen, wann die Eltern ihn abholen würden, oder er mußte sich innerlich wieder ins Gedächtnis rufen, was sie gesagt hatten. Er konnte sich nie zurücklehnen. Und was er jetzt wirklich verstanden hat: Genauso geht er jetzt mit sich selber um, eben das, was er im Internat mit den Aussagen der Eltern gemacht hat, macht er seitdem mit sich selber. Immer wieder fragt er, ob das, was er weiß, er auch wirklich weiß, so wie er gefragt hat, ob das, was die Eltern gesagt haben, sie auch wirklich gesagt haben. Er ist sich der Wichtigkeit dieser Erkenntnis bewußt, wenn er auch im nächsten Atemzug wieder, fast abgespalten davon, Angst hat und von mir die Versicherung will, daß nichts neben seinem Geist sein kann.

Wir sehen an dem Beispiel, wie der Patient, und viel früher schon das Kind, versucht, sich selbst ein Gefühl von Sicherheit zu erzeugen, weil diejenigen, die dafür zuständig gewesen wären, es ihm zu vermitteln, versagt haben.

Das Kind hält also ein Gefühl, in diesem Fall die Angst, nicht aus. Es greift zur Möglichkeit, durch Aktivität dem Gefühl und der zugehörigen Spannung zu entgehen: Es schafft sich innere Bilder und hantiert mit ihnen. Das Bild oder die innere Vorstellung bleibt nun bestehen und sichert das Selbst in seinem Bestand. Das Gefühl ist aber jedenfalls nicht mehr dort, wo es hingehört, sondern von der Vorstellung getrennt. Diese Trennung nennen wir Isolierung.

Möglicherweise ist in dem beschriebenen Vorgang überhaupt die menschliche Symbolisierungsfähigkeit begründet.

Auf die Frage, wie psychische Struktur entsteht, antworten wir ja: durch Selektion, Differenzierung und Verstärkung von Vorhandenem, vorhandener Struktur ebenso wie vorliegenden Engrammen. Psychische Struktur bildet sich also auch wesentlich anhand der Versuche des Individuums, mit Gefühlen, Erregungsgrößen und Erregungsabläufen fertig zu werden.

Der Zwanghafte hilft sich selbst mit den ihm zur Verfügung stehenden Mitteln, weil ihm von außen, vom Selbstobjekt, nicht geboten wurde, was er gebraucht hätte, um sich in entsprechender Weise selbst helfen zu können.

Wie nun gelingt es dem Zwanghaften, sich „in Eigenregie" zu helfen? Die beiden beschriebenen Phänomene, das Leben in Bildern und Vorstellungen und das Müssen und Verweigern, sind seine beiden Möglichkeiten. Mit ihrer Hilfe versucht er, sein Selbst zu sichern. Freilich sind sie nur ein Ersatz für die fehlende oder mangelhafte Struktur und deshalb problematisch, sie behindern Lebensvollzug und Entwicklung.

Ob die Symbolisierungsfähigkeit nun aufgrund des entwicklungsgeschichtlichen Momentes der Störung gerade zur Verfügung steht, oder ob sie sich anhand des zu lösenden Problems ausbildet, sie ist es, die der Zwanghafte nützt, um mit seinem Problem der Spannungsregulierung zurechtzukommen. Er macht sich Bilder und hantiert mit ihnen. Diese Bilder sind allerdings vom Inhalt der Schädigung geprägt. Von ihnen gehen die Zwänge aus. Hatte er angenommen, er selbst könnte über sie verfügen, so verfügen diese jetzt über ihn, weil ja aufgrund der Schädigung die nötige Struktur für die Beruhigung nicht vorhanden ist.

So kann sich ein Patient, wiewohl er es weiß, daß das nicht die Funktion des Analytikers ist, seinem Bild nicht entziehen, der Analytiker sollte ihm raten und Vorschläge für eine Verbesserung seiner Situation machen. Es geht so weit, daß er verweigert zu reden, weil er diese Form der Hilfe nicht bekommt. Der schwache oder nicht stützende Vater etwa, das nicht passende oder nicht geeignete Selbstobjekt, geht über die Symbolisierung in die Errichtung des Phantasiebildes vom Selbstobjekt ein. Dieses Bild wird nun idealisiert und ist keiner Modifikation mehr zugänglich. Von ihm gehen jetzt die Zwänge aus. So verschafft sich der Zwanghafte seine Sicherheit selbst.

Das Eigentliche des Zwanges macht es dann aus, daß ein Teil des inneren Erlebens nicht mehr verfügbar ist, daß die Bilder und Vorstellungen von selber kommen. In gleicher Weise ist ihm sein „Müssen und Verweigern" nicht verfügbar. Es findet also etwas wie eine begrenzte Regression in die vorsymbolische Phase statt, in der die Bilder von selber kommen. Der Zwanghafte hantiert also wohl mit seinen inneren Bildern, aber in infantiler Manier. Es ist mehr das Hantieren damit, als daß sie ihm wirklich für die Funktion der Beruhigung zur Verfügung stünden. Je mehr die Bilder wirklich von selber kommen, umso mehr geht es ins Psychotische.

So könnte man sagen: Der Zwanghafte *versucht,* es in *seine* Verfügung zu nehmen, da aber die gesicherte Struktur nicht vorhanden ist, verfügt es letztlich über ihn. Weil Sicherheit auf diese Weise doch nicht erreichbar ist, muß der Vorgang immer wieder wiederholt werden.

Der Vorgang, der zum Zwang führt, kann folgendermaßen zusammengefaßt werden: Die Unterbrechung des Erregungsablaufes führt dazu, daß der Aufbau eines Gefühls von Sicherheit nicht möglich ist. Zurück bleiben Angst und Wut. Daraufhin wird die idealisierte Elternimago als zweite Hoffnung gebildet, die in derselben Weise versagt. Jetzt wird auch der idealisierten Imago aufgekündigt und etwas Eigenes versucht, mit Hilfe der zu diesem Zeitpunkt der Entwicklung zur Verfügung stehenden Mittel, d. h. mit den Möglichkeiten der Symbolisierung. Dieser Versuch ist jedoch mangelhaft, weil zum Gelingen gerade eine gesicherte Struktur nötig wäre. Weil Angst und Wut auf diese Weise nicht bewältigt werden können und das Sicherheitsgefühl so nicht hergestellt werden kann, bleibt nur die Wiederholung des Versuches als Ausweg.

Der Zwang ist der mangelhaft in die eigene Verfügung genommene Versuch, mithilfe der Symbolisierungsfähigkeit das Gefühl von Sicherheit zu erzeugen.

Die Zuordnung des Zwanges zum Ort der Störung im Aufbau des Selbst

Was eigentlich macht das Gefühl von Sicherheit aus? Sicher fühlt man sich, wenn man keine Angst mehr hat, d. h. wenn man aufgegeben hat, etwas unbedingt zu wollen.

„Ich erwarte nichts mehr.
Ich habe auch keine Angst mehr.
Ich bin frei."

Das wollte der Dichter Nikos Kazantzakis auf seinen Grabstein geschrieben haben. Angst habe ich nur, wenn ich etwas unbedingt brauche und nicht weiß, ob ich es kriegen kann oder in Gefahr bin, es nicht zu kriegen. Wenn man weiß, daß man etwas kann, etwas oft gutgegangen ist, hat man keine Angst mehr, es auch zu tun.

Ich möchte nun versuchen, hypothetisch eine Einordnung der Phänomene des Zwanges und der Interpretationen in den Rahmen der Vorstellungen über die Entwicklung des Selbst, wie sie uns die *Säuglingsforschung* zur Verfügung stellt, zu geben.

Ein wesentlicher Teil der Selbstregulierung ist die Erfahrung, im Anderen ein erwartetes und dem eigenen entsprechendes Gefühl hervorrufen zu können. Das ist es, was Sicherheit gibt und Erregung reguliert, wenn man sich darauf verlassen kann, daß der Andere um die eigene innere Empfindung weiß, weil man dann ja auch erwarten kann, daß er etwas tut, sodaß man sich in der zugehörigen Erregung gehalten fühlen kann.

Nach dem bisher Gesagten mangelt es dem Zwanghaften an dieser Gewißheit. Ihm fehlt das Gefühl der entsprechenden *Effizienz im Erleben des Anderen.*

Für den Zwanghaften gibt es keinen selbstregulierenden Anderen, sondern nur die mangelhafte, aber unbedingt festgehaltene selbstregulierende innere (oder auch äußere) Aktion.

Insofern er vom „Müssen und Verweigern" lebt, spürt er propriozeptiv den Effekt seiner Handlung.

Der Effekt, den er damit im Anderen erzielt, ist freilich „ungewollt". Der Andere nimmt vor allem wahr, daß er nicht wirklich kommunizieren will, sondern als Spiegel seiner Schwierigkeiten und als Bestätigung für die Unmöglichkeit benutzt wird, eine Änderung herbeizuführen.

In gleicher Weise verwendet der Zwanghafte seine Symbolisierungsfähigkeit nicht zum Austausch mit dem Anderen, sondern in der Weise des fehlenden Selbstobjektes, das ihn begleitet, immer abrufbar, wenn die Erregung zu stark wird. Diese selbstpsychologische Interpretation des Zwanges läßt die Nähe des Zwanges zum Autismus besonders deutlich werden, sodaß wir den Autismus als das Vor-Bild oder die „Grundkrankheit" bezeichnen können. Der Zwang ist die mildere Form des Autismus. In den Ritualen versuchen sowohl der Autist als auch der Zwanghafte, den aus der Säuglingsforschung bekannten Weg, auf dem Struktur erworben wird, zu gehen: den Weg der wiederkehrenden Abläufe. Auf diese Weise kann die Spannung aber nur für die Dauer des Rituals oder der Zwangshandlung reguliert werden und muß deshalb wiederholt werden. Die Hoffnung auf das Gefühl von Sicherheit wird jeweils nur oberflächlich und kurzfristig erfüllt.

Zusammenfassend können wir sagen: Die selbstpsychologische Interpretation des Zwanges und die Vorstellungen über den Aufbau des Selbst, die wir der Säuglingsforschung entnehmen, ergeben:

Die Stufe der Selbsteffizienz im Gefühl des Anderen wird nicht erreicht, sodaß auf die vorhandene Möglichkeit der Regulierung über weitgehend propriozeptive Erfahrungen einerseits, auf die Symbolisierungsfähigkeit andererseits zurückgegriffen und diese in besonderen, nicht zur Interaktion im Sinn eines Austausches geeigneten Formen ausgebaut werden.

Zur Therapie des Zwanges

Aufgrund des Mangels im Gefühl der Effizienz müßte die Therapie des Zwanges vor allem diesem Punkt besondere Aufmerksamkeit schenken. Es würde demgemäß in besonderer Weise darum gehen, daß der Patient spürt, daß er einen *Effekt im Analytiker* erzeugen kann.

Ein zweiter Punkt scheint mir wesentlich: Über die Wiederkehr des Ähnlichen, was nicht gleichbedeutend mit „demselben" ist, kann einerseits Sicherheit gegeben, andererseits Struktur gebildet werden.

Ich möchte jetzt nur zwei Punkte anführen, die für die Therapie des Zwanges allerdings von entscheidender Bedeutung sind. Für die Therapie des Zwanges braucht man zweierlei im Übermaß: Empathie und Zeit.

Nur von der Zeit soll noch etwas gesagt werden. Ich habe eingangs erwähnt, daß Zwang *(Ananke)* und Zeit *(Chronos)* untrennbar miteinander verbunden sind. Der Patient muß *seine* Zeit bestimmen können. Nur *er* kann sagen, und wenn auch die Jahre vergehen, wann er sich in seinem Gefühl, sicher zu sein, sicher fühlt, sodaß er gehen kann.

Erst in der Zeit und mit der Zeit kann im Patienten ein Gefühl von Sicherheit entstehen. Die Erfahrung des Immer-Wiederkehrenden kann mit dem Wissen um das unabwendbare Ende versöhnen.

Alfred Pritz

Psychoanalytische Deutung und Gewißheit

Die Beschäftigung mit dem Thema Deutung ergab sich für mich beim nun schon einige Jahre dauernden Versuch, die Psychoanalyse und das eigene psychoanalytische Handeln einer wissenschaftlichen Ordnung zu unterwerfen, die einerseits volle subjektive Freiheit des Handelns garantiert, andererseits aber das subjektive Verständnis durch allgemeine Prinzipien überhöht und verstehbar werden läßt.

Gerade die psychoanalytische Deutung stellt ein besonders haariges Problem dar, da sie in den Kontext der psychoanalytischen Theoriebildung wie kaum ein anderer Begriff der psychoanalytischen Behandlungstechnik verwoben ist. Dies sieht man auch in der Literatur zu diesem Begriff, welcher mit wenigen Ausnahmen (Freud, Waelder, Greenson, Blum) implizit verwendet wird. Selbstverständliches ist nicht nur in der psychoanalytischen Behandlung, sondern auch in der Begriffsbildung wahrzunehmen und kritisch zu prüfen, versteckt sich dahinter doch oft genug eine Illusion, ein Mythos oder eine Unwahrheit.

Ich gehe von der Situation des Psychoanalytikers aus, der hinter der Couch sitzt. Er frägt sich, wenn ihm der Analysand oder die Analysandin etwas von sich erzählt oder nicht erzählt: Was mag das bedeuten, erinnere ich mich anderer Gegebenheiten, die zu dem passen könnten, was er oder sie erzählen, gibt es eine innere Verbindung oder steht dieses Ereignis allein im Raum? Der Analytiker denkt und versucht sich zu erinnern: Habe ich in der Literatur der Psychoanalyse schon einmal etwas gelesen, das mit dem, was mir der Analysand erzählt, in Verbindung stehen könnte? Vielleicht erinnert er sich, so ein Problem schon einmal bei einem anderen Patienten gehört zu haben, möglicherweise denkt er auch an seine eigene Vergangenheit und versucht, fündig zu werden. Vielleicht denkt er darüber nach, welche Gefühle in ihm wach werden, und konzentriert sich darauf. Seine Gedanken mögen aber auch abschweifen, er denkt an „etwas anderes", kehrt erst später wieder in den Raum zurück.

Man könnte diese Liste der Vielfalt des Seelenlebens des Analytikers fortsetzen, sie ergänzen mit einer ebenso langen Liste des Analysanden, um zu zeigen, daß die Komplexität der analytischen Situation einer strengen Ordnung nur Platz machen kann, wenn sie zerstört wird. Damit wäre aber intellektueller Willkür Tür und Tor geöffnet, die Beliebigkeit ersetzte die Suche nach Wahrheit im Sinne von „everything goes".

Genau in diesem Dilemma befinden wir uns, wenn wir über „Deutung" sprechen. Jeder Ausbildungskandidat freundet sich im Laufe der Jahre mit der psychoanalytischen Technik an, verinnerlicht sie zum Teil durch die eigene Analyse und versucht sie in Einklang mit seiner Persönlichkeit zu bringen. Es hängt nun von der Über-Ich-Konstruktion des Analytikers ab, wie er die Deutung handhabt: Schlägt er innerlich die Lehrbücher auf, oder sucht er zusammen mit dem Analysanden „eigene" Deutungen des analytischen Geschehens. Und wie „eigen" sind dann diese Deutungen, gehorchen sie nicht wiederum Theorien, die vielleicht schon längst keine psychoanalytischen mehr sind? Wie stehen eigener Weltentwurf und psychoanalytischer Weltentwurf zueinander?

Der Psychoanalytiker handelt wie jeder andere Mensch auch entsprechend seinen Theorien über die Welt, die immer subjektive Theorien sind. Beansprucht die Psychoanalyse, eine Wissenschaft zu sein, bedarf sie der Überprüfung. Die Überprüfung der psychoanalytischen Deutung wirft jedoch eine Reihe extrem schwieriger methodischer Fragen auf:

Erstens, die Überprüfung durch kasuistische Beiträge: Hier handelt es sich meist um schriftliche (oder in Supervisionssitzungen: mündliche) Berichte über Interaktionen, die von der Vorstellungswelt des Berichtenden zumindest gefärbt, wenn nicht überhaupt durch andere Farben ersetzt worden sind. Diese Berichte sagen oft mehr über den Erzähler als über den Gegenstand des Erzählten aus. Die Berichte mögen auch der tatsächlichen Situation entsprechen, man kann es aber nicht verläßlich behaupten.

Zweitens, die Überprüfung durch Berichte des Analysanden: Auch hier stellt sich das Problem der Subjektivität des Analysanden, der oft ganz andere Aspekte wahrnimmt als der Analytiker.

Drittens schließlich, bleibt nur der Versuch, etwa durch Tonbandaufnahmen „objektive" Daten über den Deutungsmodus zu gewinnen. Auch hier regt sich Kritik, da mit der Mithereinnahme eines beobachtenden Dritten die totale Diskretion gestört sein könnte.

Verzichtet man auf entsprechende Datensammlung, darf die Psychoanalyse nicht den Anspruch auf Wissenschaftlichkeit erheben, versucht sie, wie eben zitiert vorzugehen, hat sie entsprechende Kritik zu befürchten.

Bei der Durchsicht der Literatur finden sich nun die ersten zwei Methoden, subjektive Berichte von Analytikern und Analysanden, aus denen auf die analytische Situation und deren Deutung rückgeschlossen wird. Was fehlt, sind objektive Daten, so daß sich die Forderung stellt, solche zu sammeln.

Ich beziehe mich in der Folge daher auf subjektive Berichte von Analytikern und Analysanden und bitte, die vorhin erwähnte methodische Einschränkung, die sich dadurch ergibt, bei den weiteren Ausführungen mitzubedenken.

Die Deutung in der Alltagssprache und in der Psychoanalyse

Waelder weist darauf hin, daß der Deutungsvorgang ein allgemein menschlicher ist, der im Alltag vorkommt wie auch in unterschiedlichen Wissenschaften. Deuten heißt, den verborgenen Sinn eines Phänomens freilegen.

Im menschheitsgeschichtlichen Versuch, der Triebwelt wie der äußeren Welt Herr zu werden, lassen sich bei den heilkundlichen Vorläufern der Psychoanalyse Deutungssysteme bis in Jahrtausende vor Christus zurückverfolgen, wobei sich im Deutungsmodus wie im Deutungsinhalt die gesellschaftliche Entwicklung widerspiegelt.

Von der Sterndeutekunst (die sich bis heute magischer Beliebtheit erfreut) über Eingeweideschau, über Auslegung von kryptischen Sätzen bis hin zur Deutung von Symptomen spannt sich der Bogen einer Weltsicht, die zuerst den Geist hinter den Dingen schamanistisch in allen Dingen selbst vermutet, über die Vorstellung, der Geist der Dinge verberge sich in Göttergestalten, die das Weltgeschehen lenken, bis zur Verlagerung dieses Geistes auf das menschliche Subjekt, in dem ein Unbewußtes, seit einiger Zeit erweitert um die Vorstellung des kollektiven Unbewußten, haust, welches die Welt des Menschen zu steuern vermag.

Zu jeder Zeit haben sich entsprechend der sozioökonomischen Entwicklung die diversen Theorien bewährt, mußten sich bewähren, da sie ja dem Zweck der emotionalen Sicherung dienen.

In der Psychoanalyse erfährt die Deutungskunst eine besondere Würdigung, ja, sie wird zu einer zentralen Handlungsmodalität des Psychoanalytikers, die, wie Greenson schreibt, sich dadurch von allen anderen Psychotherapien unterscheidet.

Die Deutung ist in der Psychoanalyse von ihrem Ziel nicht unabhängig. Und sie ist von der theoretischen Entwicklung bestimmt worden. War es anfänglich das Ziel des Psychoanalytikers, Unbewußtes bewußtzumachen (meist mit der Vorstellung der Aufhellung eines spezifischen traumatischen Ereignisses, das in der Kindheit stattgefunden hat), so wandelt sich die Zielsetzung nach der Einführung des Strukturmodells zum „Wo Es war, soll Ich werden" hin zur Analyse von Ich-Funktionen, zur Deutung von Abwehrmechanismen. Seit der Entdeckung der Bedeutung der Gegenübertragung entwickelt die Psychoanalyse sich immer mehr hin zu einer Analyse einer Zwei-Personen-Beziehung.

Heute existieren noch alle Theorien nebeneinander, manche versuchen, sie aufeinander aufbauend zu verstehen, andere neigen dazu, die ganze Metapsychologie über Bord zu werfen (ohne allerdings mitzubedenken, daß sie damit eine neue Metapsychologie begründen würden). Diese theoretischen Schwierigkeiten schlagen sich natürlich im Deutungsgeschehen nieder, wenn der Psychoanalytiker, verzweifelt oder auch nicht, darüber nachdenkt, welchem Deutungsmodell er nun wohl im Augenblick die Gunst seines Vertrauens schenken soll.

Greenson beschreibt Kriterien der Deutung als technische Operation in der Analyse von Übertragung und Widerstand, indem er vier Stufen der Deutung unterscheidet.

In besonderer Würdigung der Zeit in der Psychoanalyse möchte ich mich nun auf einen Standpunkt beschränken, der, wie ich meine, in der Psychoanalyse trotz aller Divergenzen unbestritten ist: die Bedeutung der historischen Entwicklung für das Seelenleben des Menschen und ihre Untersuchung in der psychoanalytischen Kur.

Menningers „triangle of insight", die Verknüpfung von Ereignissen, welche in der psychoanalytischen Therapie stattfinden, mit Ereignissen im Alltagsleben des Analysanden und dessen erinnerten respektive nicht erinnerten Lebensgeschichte wird zum Kernpunkt meiner folgenden Ausführungen.

Deuten als Subjektarchäologie

Freud führt in seiner Arbeit „Konstruktionen in der Analyse" das Beispiel des Archäologen an, der aus einem historischen Trümmerfeld einige noch erhaltene Scherben birgt, aus denen er in mühevoller Bastelei eine vergangene Epoche wiederauferstehen läßt. Dabei bedarf er vieler verschiedener Hilfsmittel und einer Reihe unterschiedlicher Kenntnisse, um ein der damaligen Zeit entsprechendes Bild zu entwerfen und die geborstenen Teile richtig zu interpretieren. Fügt er einen Teil der Bruchstücke falsch zusammen, ergibt dies einen anderen oder gar keinen Sinn.

Waelder bringt das Beispiel vom Detektiv, der, an den Ort des geschehenen Verbrechens gerufen, mit der sorgfältigen Datenerhebung beginnt, dem gleichschwebend aufmerksamen Analytiker gleich, nichts, aber auch gar nichts an oft scheinbar unwichtigen Details außer acht lassend.

Bei beiden, dem Archäologen wie dem Detektiv, besteht die Gefahr, daß die ursprüngliche Situation nicht mehr voll rekonstruierbar ist, weil etwa Grabräuber in einem Fall, eifrige Polizeibeamte im anderen Fall bereits wichtige Spuren verändert oder zerstört haben. Diese Veränderung der Spuren kann aber wiederum zur Aufhellung beitragen, wenn es sich um Unwichtiges gehandelt hat und so den Blick auf das Eigentliche frei werden läßt.

Haben der Archäologe und der Detektiv ihre Teile nun zusammen, hängt es von der Erfahrung und dem Wissen der Experten ab, um den Fragmenten die richtige Bedeutung zuzuschreiben.

Auf den Psychoanalytiker übertragen heißt dies, daß er sich den Inhalt der Rede des Analysanden anhört, die Zwischentöne wie auch das Fehlen von Tönen vorurteilsfrei registriert, sammelt und nach und nach ein Puzzle der Beziehungs- und Triebwelt des Analysanden entstehen läßt.

Wie man das Wohnzimmer eines Hauses nur durch das Vorzimmer betreten kann, so bedarf es auch in der Analyse, bevor sich das Mosaik zu einem Bild schließt, einer Reihe von Vorarbeiten, seien es nun Ermutigung, Fragen, Schweigen, oder anderer technischer Schritte, bis es zur Deutung kommt. Nun ist die Deutung immer interaktionell, es bedarf der entsprechenden Bereitschaft des Analysanden, eine Deutung auch wahrzunehmen und sie in sein Weltbild zu integrieren.

Dieser Vorgang hat natürlich seinen Anfang und sein Ende, wobei dieser Prozeß nicht linear verläuft, im Gegenteil. Gerade neues vom Analysanden herbeigeschafftes Material kann eine Deutung obsolet machen, weil sich ganz neue Gesichtspunkte ergeben.

Ich habe lang darüber nachgedacht, wie sich frühe Deutungen von späten unterscheiden, und ich muß gestehen, es ist nicht viel dabei herausgekommen, sieht man von den Allgemeinplätzen ab, die etwa meinen, daß anfängliche Deutungen als weniger tief und spätere als tiefer und vollständiger zu beschreiben seien. Freud hat einmal bemerkt, daß sich seine Behandlungstechnik immer wieder nach dem jeweiligen Ort seiner Theorienbildung richtet. Warum sollte es bei den heutigen Analytikern anders sein?

Bevor ich aber auf das Problem der Validität von Deutungen eingehe, möchte ich doch noch zwei wichtige Zeitaspekte hervorheben:

Einmal die Rolle des unterschiedlichen Zeiterlebens bei Analysand und Analytiker. Und zweitens die Veränderung der subjektiv erlebten Zeit infolge von Deutungen.

Zum ersten. Der Analytiker in der Rolle des vernünftigen Kontrollers der eigenen wie der Ichfunktionen des Analysanden erlebt sich unterschiedlich als der Analysand, welcher sich regressiv seinem zeitlosen Unbewußten nähert. Dem Analytiker ist es anheimgestellt, im Dialog mit seinem Analysanden eine Raum-Zeit-Matrix aus dem Material zu erstellen, welche der ursprünglichen Situation nahe oder gleich ist und sie dennoch aus der heutigen Perspektive zu überwinden vermag. In diesem „Kampf um die Erinnerung", wie es Mitscherlich nennt, konvergieren die beiden Beteiligten, ohne jedoch ganz zu verschmelzen. Insbesondere der Analytiker hat der Verlockung zur Regression Widerstand entgegenzusetzen, um den realen Zeitraum, wie ihn zum Beispiel die Sitzungszeit vorgibt, nicht zu vergessen. Diese Unterschiedlichkeit im Zeiterleben hat eine Reihe von klinischen Implikationen, von denen ich jetzt nur zwei herausgreifen will. Insbesondere bei Borderline-Persönlichkeiten oder Personen in psychotischen Seinszuständen, also allen solchen, die dem Primärvorgang nahe sind, bedarf es besonderer Fähigkeit des Analytikers, die Raum-Zeit-Struktur zu erkennen und auf sie zu antworten, denn oft sieht es an der Oberfläche so aus, als ob keine vorhanden wäre. Freud weist darauf hin, daß in der Halluzination möglicherweise Residuen frühkindlicher Erfahrungen vorhanden sind, die nur besonderer Entzifferung zugänglich sind. (Psychosetherapeuten bestätigen diese Vermutung.)

Zum zweiten. Die Veränderung im Analysanden aufgrund subjektiv als richtig erkannter Deutungen durch den Analytiker oder ihn selbst. Analysanden (aber auch Analytiker) haben manchmal ein Aha-Erlebnis, das dazu führt, daß sich Perspektiven verändern. Nun ist dies klarerweise das Ziel jeder Analyse. Was ich aber hier meine, ist das Gefühl, das sich dabei einstellt, wenn sich aus einer Situation, die in ihrer Eingeengtheit einen Endpunkt darzustellen scheint, plötzlich durch ein neuartiges Verstehen derselben Situation eine Weite einstellt, die einen überrascht. Diese Überraschung kann sich auf Vergangenes wie Gegenwärtiges als auch Zukünftiges beziehen, bestimmt wird sie durch ein Gefühl der Befreiung. An diesem Beispiel wird deutlich, welche wichtige phänomenologische Rolle die subjektive Zeitempfindung in der seelischen Struktur des Menschen spielt. Erlebt der neurotisch strukturierte Mensch nicht immer wieder das Gefühl, alles wiederholt sich, jede Situation ist schon bekannt, es gibt keinen Ausweg aus der „Beziehungskiste", das Leben in Moll ist schicksalhaft vorgezeichnet? Oder der Mensch, der sich der scheinbar ewigen Wiederkehr quälender Symptome ausgeliefert fühlt, die trotz vieler Heilungsversuche nicht weichen wollen? Strachey weist auf die Bedeutung des wiederholten Durcharbeitens hin, wenn Veränderungen dauerhaften Charakter annehmen sollen. Ich schließe mich dem an, daß die aktuelle neuartige Raum-Zeit-Verknüpfung allein noch nicht (oder sehr selten) mutativ wirkt, daß ein oftmaliges Durcharbeiten eine Notwendigkeit darstellt. Psychoanalytisches Deuten ist ein Prozeßgeschehen, dessen Regeln von Psychoanalytikern in Jahren bewußter-vorbewußter Imitation und Inkorporation angeeignet wird.

Zur Validität der psychoanalytischen Deutung

In der Diskussion um die Traumatheorien (reale Verführung versus platonischer Verführung) ist ein Thema mitaufgetaucht, das von besonderer Bedeutung für die Gültigkeit von Deutungen ist:
Es stellt sich in Analysen immer wieder heraus, daß Analysanden Sachverhalte anders erinnern, als sie tatsächlich stattgefunden haben, ja daß sie Ereignisse scheinbar erinnern, die überhaupt nicht stattgefunden haben. Die Erinnerung ist unter Umständen nur eine Phantasie, die Rekonstruktion dann nur eine Art Hearst-Castle anstelle einer richtigen mittelalterlichen Burg.
Beide, Analysand und Analytiker, wissen davon nichts und weben an einem historischen Lebenstraum, der nie existierte, sondern erst in der analytischen Situation erschaffen wurde.

Daraus ergeben sich zwei Fragen:
Erstens. Ist es von Bedeutung für den Veränderungsprozeß, wenn sich der Analysand falsch erinnert oder eine Erinnerung produziert, die nie existierte?
Zweitens. Wenn das erste bejaht wird, welche Auswirkungen hat dies auf die psychoanalytische Theoriebildung?

Zur ersten Frage. Vom Aspekt des Widerstandes her ist es natürlich von Bedeutung, wenn der Analysand sich erinnert, da ja gerade die Verzerrungen Hinweise auf die Affektstruktur und den psychischen Konflikt liefern. Die Erinnerungen der Analysanden sind daher mit Langmut zu betrachten und viele analytische Daten zu sammeln, bevor man sich an genetischen

Deutungen versucht. Dazu ein Zitat von Charcot: „Man soll sich die Dinge so lange ansehen, bis sie von selbst Auskunft zu geben scheinen."
Vom Übertragungsgeschehen her gesehen, kann eine falsche Erinnerung natürlich auch unbewußte Ziele verfolgen. Zum Beispiel kann der Analysand grausame Eltern erinnern, um bei seinem Analytiker Mitleid zu erregen, oder er kann sich an Details erinnern, von denen er vermutet, daß sie das besondere Interesse des Analytikers hervorrufen.

Verläßlichkeit der Erinnerung kann nur teilweise erreicht werden, ein gewisser Unsicherheitsfaktor bleibt immer erhalten. Wie verhält es sich aber mit Pseudo-Erinnerungen? In diesem Fall wird eine Rekonstruktion vorgenommen, die nie existierte, gewissermaßen ein Haus gebaut, das auf Schwemmsand gründet. Ich denke, daß der Analytiker, auch wenn er dieses Material gewissermaßen „gleich" behandelt wie jede andere Äußerung, seine Bewertung von richtig oder falsch zurückstellt, in einer aussichtslosen Situation ist, insofern keine Hinweise auf übertragungsmäßige Verzerrungen vorliegen. Aber vielleicht ist der objektive Wahrheitsgehalt der Erinnerung mit der darauffolgenden Deutung auch von einer gewissen Nachrangigkeit. Vielleicht ist der Deutungsmodus, also die Art und Weise des Herangehens an die Sache, für den Analysanden im Sinne des Modellernens auch wichtiger als die faktengetreue Rekonstruktion insofern, als sich kognitive Strukturen bezüglich Ich-Stärke, Über-Ich-Modifikation und Triebintegration ja auch ändern können, wenn die kindliche Amnesie nicht aufgehoben wird.
Ich weiß, daß ich da an einen heiklen Punkt rühre, denn die Aufhebung der kindlichen Amnesie wird doch als Zielvorstellung von manchen Analytikern als *conditio sine qua non* einer kompletten Analyse angesehen.

Nun zur zweiten Frage, der Auswirkungen auf die Theoriebildung.
Die falsche Rekonstruktion und die Pseudokonstruktion haben enorme Komplikationen auf die Technik der Psychoanalyse und die Theoriebildung. Zwei Punkte seien herausgegriffen: Wenn die tatsächlichen Ereignisse oder Traumata von geringer oder keiner Relevanz für die Ätiologie der Neurosen wären, beziehungsweise nur eine Art Starterfunktion für einen spezifischen intrapsychischen Strukturbildungsprozeß hätten, dann würde dies bedeuten, daß die Aufdeckung der frühkindlichen Ereignisse von nachrangiger Bedeutung ist. Es würde aber auch erklären, daß „Geburtserinnerungen" und ähnliche peri- und pränatale Erinnerungsspuren möglicherweise späterer Genese sind, beziehungsweise überhaupt hallu-

zinogene, autohypnotische Phänomene des späteren Kindesalters und des Erwachsenenalters sind.

Genauso wie früher die Traumanalyse für den analytischen Prozeß unumgänglich schien und heute von erfolgreichen Analysen berichtet wird, in denen kaum Träume gedeutet wurden, ist die genetische Deutung ebenfalls fragwürdig geworden. Möglicherweise ist für den therapeutischen Erfolg der Deutungsmodus von größerer Bedeutung beziehungsweise die Übereinkunft von Analytiker und Analysand über die Richtigkeit der Rekonstruktion.

Deutung und Gegenübertragung

So wie das psychische Material, das die Grundlage der Deutung liefert, von Übertragung und Widerstand bestimmt wird, so sehr ist die Deutung auch vom Gegenübertragungsgeschehen des Analytikers bestimmt.

Ausgehend von den zwei Gegenübertragungskonzepten – Gegenübertragung als maligne unbewußte Reaktion des Analytikers auf seinen Analysanden und andererseits dem Konzept der Gegenübertragung als Gesamt aller Reaktionen auf den Analytiker – komme ich zu folgenden Überlegungen:

Maligne Gegenübertragungsreaktionen bedeuten für die Deutung insofern eine Gefahr, als unbewältigte psychische Konflikte des Analytikers in die Deutung einfließen müssen. Es hängt nun davon ab, wie sehr die Abstinenzregel verletzt wird und wie stark der Konflikt beim Analytiker reaktiviert wird. Als Beispiel wären zu nennen: wenn der Analytiker die Geduld nicht mehr aufbringen kann, die gleichschwebende Aufmerksamkeit verliert, sich vom Analysanden gekränkt fühlt und dies zeigt, oder auch einen übergroßen Therapeutizismus an den Tag legt, im Sinn einer unbewußten Feindseligkeit dem Analysanden gegenüber.

Generelle Gegenübertragungsreaktionen beeinflussen die Deutung insofern, als sie natürlich die Theorien des Analytikers implizit ausdrücken. In der analytischen Ausbildung wird auf diesen Aspekt in der Übertragungsanalyse besonderer Wert gelegt, doch ist dies ein Aspekt, der immer wieder neu überlegt werden muß.

Beispiele: Die Deutung des Analytikers bezüglich einer Paarproblematik wird sich unterscheiden, je nachdem, ob der Analytiker die Vorstellung hegt, daß die Ehe als Institution längst am Ende ihrer Entwicklung steht und ohnehin abgeschafft werden sollte, ober ob er die Vorstellung hegt, daß die Ehe einer der wenigen verbliebenen Orte ist, die für psychische Stabilität sorgen können.

Ein besonderer ideologischer Brocken ist die Frage nach der Veränderbarkeit durch die Psychoanalyse. Während manche die Analyse als das Instrument zum Charakterwandel ansehen, finden andere wiederum resigniert, daß die therapeutischen Ergebnisse sehr mager ausfallen. Andere denken, daß die Analyse überhaupt keine Psychotherapie sei, sondern eine Art Lebensphilosophie. Bei Parin las ich, daß der Analytiker nicht in das Wertesystem des Analysanden eingreift, sondern ihn „nur" analysiert. Die Entscheidung über die Lebensgestaltung müsse der Analysand selbst treffen. Ich war erstaunt über die Blauäugigkeit dieser Aussage, die die impliziten Wertnormen und den interaktionellen Charakter, die in der psychoanalytischen Situation gegeben sind, völlig verleugnet.

Abschließend noch ein Wort zur Selbstdeutung des Analysanden. In weiten Strecken des analytischen Prozesses lernt der Analysand, seine Wortketten durch das Schweigen des Analytikers deutend in neue Sinnzusammenhänge zu übersetzen, welche natürlich auch wieder Deutungsmaterial darstellen können.

Die Vorstellung von der analysespezifischen Spaltung des Ichs in ein erlebendes und beobachtendes Ich könnte die Wunschvorstellung bei Analytiker wie Analysand nähren, daß das Ziel der analytischen Operation ein Weg vom erlebenden hin zum analysierenden Ich als auch umgekehrt sei. Das libidinöse Triebziel des Analysanden könnte so erreicht werden, wenn sich der Analysand an die Vorstellungen des Analytikers bezüglich seines Verständnisses über den psychoanalytischen Prozeß anpaßt und dieser sich mit der Anpassung zufriedengibt.

Wolf Aull

Die Gruppe als Prävention

Zur Situation im psychosozialen Feld

Bei einem Gespräch von Fachleuten wurde Anfang der 70er Jahre der Imperativ entwickelt: „Leute, wir müssen die psychosoziale Versorgungssituation der Leute verbessern!" Die Leute, die das sagten, hörten und umsetzen wollten, arbeiteten in den Bereichen Juristerei, Medizin, Pädagogik, Psychologie, Sozialarbeit u. a.

Also alles Leute, die mit Leuten zu tun hatten, die als „auffällig", „gestört", „störend" bezeichnet werden, als „nicht normal", als „abnormal" und solches mehr.

Bei diesem Gespräch wurde auch die Meinung artikuliert, es bräuchte mehr Differenzierung bei den Angeboten im psychosozialen Feld, verschiedenartige Einrichtungen mit unterschiedlichen Schwerpunkten. Es ging weiter um Verbesserung der klientenbezogenen Arbeit in den speziellen Bereichen dieser Fachleute und um mehr und bessere Kontakte miteinander auf der Basis gegenseitiger Akzeptanz.

Heute entsteht der Eindruck, daß bei psychosozialen Störungen, Auffälligkeiten, kritischen Situationen und ähnlichem meist sehr schnell der Ruf nach Psychotherapie laut wird. Bei familiären Schwierigkeiten (besonders Scheidungen und ihren Folgen), im Bereich der Schule (burn-out der Lehrenden, Ausrasten der Schüler), bei kritischen Situationen in der Arbeitswelt, bei Entwicklungsproblemen Jugendlicher auffälliger Art und anderen Ereignissen – wenn nichts mehr hilft –, soll Psychotherapie her und die Probleme lösen. Diese Erwartung hört sich in öffentlichen Darstellungen, in den Medien, in politischen Aussagen etc. sehr oft so an.

Was insgesamt weniger bis nicht zu hören ist: Reflektieren und kritisches Anschauen der eigenen Situation in Institutionen, Organisationen, Tätigkeitsfeldern. Zu schnell gibt es Verharren in der Erwartung von Rezepten – wenn nicht gleich andere Einrichtungen als „eigentlich zuständig" benannt werden –, die manchmal auch kommen und nicht befolgt werden.

Die vielfach fehlende Sicht der eigenen Ressourcen und Strukturen, mit ihren Möglichkeiten und Einschränkungen (z. B. in den verschiedenen Ebenen und Gruppierungen von Organisationen und Einrichtungen), läßt bei fehlendem Mut und verhemmter Kreativität viel zuwenig zu Veränderungen kommen. Chancen auf Entwicklung, die im Innenleben liegen, werden nicht bzw. nur sehr wenig genutzt.

Der erstarkte Bereich der Psychotherapie, gesetzlich fundiert, viel anbietend, freilich auch kämpfend im Krankenkassenbereich, kommt diesen Tendenzen entgegen. Berufsständische Vereinigungen von PsychotherapeutInnen verweisen auf viele Möglichkeiten, die neben psychotherapeutischen Hilfen noch angeboten werden können: z. B. Supervision, Mediation (im Scheidungsbereich), Betreuung von Obdachlosen und anderes.

Damit ist nicht gesagt, daß psychotherapeutische Hilfe in solchen Bereichen nicht gegeben werden sollte bzw. nicht sinnvoll wäre. Die Art der Angebote, noch wenig vernetzt mit anderen professionellen Einrichtungen im psychosozialen Feld, kommt der vorgenannten Lösungserwartung von außen entgegen und hemmt die eigenen Möglichkeiten und Ressourcen.

Gerade aus der Wertschätzung psychotherapeutischer Arbeit heraus soll ihr empfohlen werden, sich nicht in eine Situation der ultima ratio bringen zu lassen. Psychotherapeutische Arbeit soll ihren Kompetenzen entsprechend eine optima ratio sein.

Es bedarf vermehrt der vernetzten Arbeit aller im psychosozialen Feld Tätigen und es bedarf vermehrt der prophylaktischen Arbeit dort, wo die Probleme und Störungen, die psychosozial-krankmachenden Situationen entstehen; und es braucht mehr an Stärkung der jeweiligen Eigenkräfte.

Darin wäre ein wesentlicher Aspekt der Gesundheitspolitik, die derzeit noch viel zu eingeschränkt Krankenversorgungspolitik und eine diese Krankenversorgung verwaltende und kontrollierende ist, zu sehen.

Gesundheitspolitik und Gruppenleben

In der Regierungsvorlage zum Psychotherapiegesetz 1991 wird ausgeführt, daß es „einen ersten, aber entscheidenden Schritt in Richtung einer integrierten Gesamtlösung für den Bereich der psychosozialen Gesundheitsvorsorge" setzen soll. Und weiter: „Diese immer stärker werdende Betonung des gesamten Spektrums der Gesundheitsversorgung hängt eng mit der Erkenntnis zusammen, daß Erkrankungen zunehmend auf Grund sozial-, arbeits- und umweltbedingter Verhaltensweisen entstehen." Die Regierungsvorlage zitiert auch die WHO, die der „Gesundheitsvorsorge höchste Priorität beimißt".

Nach dem Lesen dieser Textstellen bleibt die Erwartung auf den nächsten Schritt und weitere in der Gesundheitsvorsorge. Es bleibt die Frage, was dort und wie es zu tun ist, wo krankmachende Situationen entstehen. Dies umsomehr, wenn die Regierungsvorlage noch ausführt, daß in der „Entstehungsgeschichte psychosozialer Störungen deren Genese oftmals im Spannungsfeld zwischen individuellem Heranwachsen mit persönlichen Bedürfnissen einerseits und kulturellen sowie sozialen und politisch-ökonomischen Zwängen anderseits wurzelt".

Drei oft genannte Bereiche, in denen solche Schritte zu setzen wären und in denen prophylaktische Wirkungen der Gesundheitsvorsorge zum Tragen kommen sollten, um für die ihnen angehörenden Menschen weniger störungserzeugend zu sein, sind die Familie, die Schule, die Arbeitswelt.

Nach den Erfahrungen in der psychotherapeutischen Arbeit entstammt die überwiegende Zahl der Klienten und Patienten der sogenannten Mittelschicht. Die Störungen und Leiden dieser Menschen haben ihre Genese weit überwiegend in einem oder mehreren der genannten Bereiche.

Jede dieser Gruppierungen lebt in Beziehungs- und Leistungs-Interaktionen – oder -zwängen –, in ihrem Innenleben wie nach außen mit anderen Gruppierungen. Dazu kommen die gesellschaftlichen Wirkungen des Gestern und des Heute – die das Morgen sichern sollen. Die gesellschaftlichen Schichten leben dies unterschiedlich, wobei, wie erwähnt, die Psychotherapie von ihren Konzepten und Schulen vor allem auf die Mittelschicht eingerichtet ist. Von der sogenannten Unterschicht, von der sozial schwachen Schicht, soll noch die Rede sein.

In den gesellschaftlichen Schichten leben die Frauen und Männer, die Burschen und Mädchen, die Kinder in Gruppen. Jedes Individuum – ein zoon politikon – ist fast immer mehr als einer Gruppierung zugehörig, also in Beziehung zu verschiedenen sozialen Gebilden, wie Gruppierungen auch genannt werden.

Wird dieses Gruppenleben von seinen Menschen, von den Institutionen, Organisationen, von Kirche und Politik genügend beachtet, wird es öffentlich wie privat entsprechend gewichtet?

Zur Gruppensituation in Familie, Schule und Arbeitswelt

Die Familie wird erst langsam als nicht nach dem Schema „geordnete Familie", „vollständige Familie", „Kernfamilie" etc. leben müssend, sollend und könnend gesehen. Die Modelle, noch nicht immer Leitbilder, sind heute schon vielfältiger, was den Gruppierungen und den helfend, beratend, begleitend Tätigen manchmal mehr Arbeit bringt (Information und Verhandeln mit Behörden zwecks Beihilfen etc., Verständnisförderung in Nachbarschaft etc.).

Die Flexibilität des Familienbildes sowie die Erfahrung, daß eine Familiengruppierung kein Ort absoluter Harmonie sein soll, muß oder kann, müßte von den Familienverbänden, Familienreferaten, Familieninstituten, Familienakademien etc. und nicht zuletzt vom Familienministerium in der Gesellschaft deutlich gemacht werden. Die Gestaltung der Konfliktkultur in der Gruppierung Familie ist die Basis ihrer Harmonie.

In der Familie werden Gruppenlernen, Beziehungen leben, Konflikte regeln, Hilfe geben und annehmen können und viele andere Lernmöglichkeiten produziert. Wo dies so geschieht, wird die Eigendynamik dieser jeweiligen Gruppierung genützt, die darin mehr ist als die Summe ihrer Teile.

Solches Gruppenlernen in der Familie – wer sollte und müßte nicht aller es fördern – gibt die Möglichkeit der Entwicklung von eigenen Rollen, von Umgehen mit den Rollen anderer und mit Rollenkollisionen, Erkennen eigener Kompetenzen und der anderer, vom Entwickeln und Ausprobieren eigener Ressourcen und vieles mehr.

Viele Fachleute bemühen sich, beratend, fördernd, helfend, begleitend tätig zu sein. Es könnte und sollte viel mehr sein, die Angebote sollten flexibler, auf die Gruppierungen abgestimmt sein. Und besonders die intensivere Zusammenarbeit der Institutionen, also ihre Gruppenkontakte miteinander, könnte vieles für die Betroffenen – und den Erfolg der Tätigen – verbessern. Dies nicht zuletzt bei sogenannten „Unterschichtfamilien".

In Scheidungssituationen, von denen Familienbeziehungen mit Kindern betroffen sind, zeigt sich immer wieder, daß im sogenannten „Vorfeld der Scheidung" eingeengte und einengende Sichtweisen, Vermeidungen und Unterdrückungen – nur keinen Streit merkbar werden lassen, nur keine Konflikte – oft der Anfang sind vom Entstehen krankmachender Einflüsse. Sowohl in den betroffenen Familien als auch bei den Institutionen, die ex lege regeln und regeln helfen sollen, gibt es immer noch wenig Erfahrung mit Konfliktleben.

In diesem Zusammenhang ist etwa die Stieffamilie ein Bereich, für den von der wissenschaftlichen Sicht bis zur Beratung und Begleitung noch viel und mehr getan werden muß.

Zu den Scheidungssituationen und zu den Stieffamilien seien noch die sozial und wirtschaftlich krisenhaft lebenden Familien, auch „Unterschicht-" oder „Randschichtfamilien" oder sonstwie – eher abwertend bezeichnet –

genannt. Diese Gruppierungen geben das Bild einer Art Patchwork-Familie.

Jene, die sich in der psychosozialen Feldarbeit um diese Gruppierungen und ihre Menschen kümmern, sie stabilisieren, ihnen helfen bzw. dies sollen, gehören häufig Institutionen und Ämtern an oder sind mit diesen verbunden *und* üben zugleich soziale Kontrolle aus. Diese Personen gehören meist der gesellschaftlichen Mittelschicht an, was alles zu einer speziellen Dynamik dieser Gruppierungen im psychosozialen Feld führt.

Viele Einrichtungen sind sehr engagiert, geben sich diesen Gruppierungen gegenüber als „offene Einrichtungen", zu der jede und jeder kommen kann. Doch die Benachteiligten haben Schwellenangst, ungute Erfahrungen mit denen „da oben" und gehen auf die Einladung, einfach zu kommen, nicht ein. Es ist nötig, auf die Benachteiligten zuzugehen, zu ihnen hinzugehen.

Bei den Kontakten werden dann meist existentielle Probleme im Vordergrund stehen: Schulden, Delogierung, Pfändung, Strafverbüßung, Alkohol, Gewalttätigkeiten u. a.

In diesen Gruppen ist die Erfahrung groß, solches zu „managen" – irgendwie –, denn Mehrfachproblematik ist Alltag. Erst existentielle Gefahren, wenn sie eingetreten sind, werden als eigentliche Probleme gesehen.

Die psychosoziale Arbeit in diesen Gruppierungen braucht Kenntnisse und Erfahrungen, wie sie noch unzureichend angeboten werden. Hier geht es nicht um das Eingehen auf erkannte Problemsicht, um erlebten Leidensdruck, um die Hilfserwartung als Voraussetzung weiterer Arbeit. Sollte es gelungen sein, solches in Ansätzen aufzubereiten, wäre dies (psychotherapeutisch gesprochen) ein wesentlicher Schritt in Richtung Verbesserung und nicht die Voraussetzung für den Anfang.

Unabdingbare Forderung ist die Zusammenarbeit der Helfer und Begleiter mit den anderen in diesem Bereich tätigen Professionisten, wie Polizei, Richter, Gerichtsvollzieher u. a. Alle die sind Angehörige einer „höheren" Gesellschaftsschicht, die eine Art Leitbild darstellt – so will man leben.

Streetworker – es bräuchte deren viel mehr – kommen über die Sprache besser in Kontakt, sie machen sich in den – schwierigen – Beziehungssituationen weniger verständlich, als mehr persönlich „angreifbar" und „echt". Und andere in dieser Arbeit Tätige wenden solche Methoden vermehrt an.

Die Schule, die einerseits vielfach die Herkunftsbereiche der Kinder, also die Familien, in ihrer Vielgestaltigkeit – von der Familie à la carte bis zur

Patchwork-Familie – mehr kennen sollte, hat anderseits Schwierigkeiten – mehr oder weniger – mit dem Nutzen des Eigenlebens ihrer sozialen Gebilde, der Gruppen als Klassenverband und der Gruppen als Lehrkörper. Gruppenbezogene und gruppendynamische Möglichkeiten im pädagogischen Miteinander besser zu nützen, bräuchte u. a. eine Ergänzung bzw. Erweiterung der Aus- und Weiterbildung. Teamarbeit sollte obligat sein, in der Ausbildung und in der Arbeit der Lehrerinnen und Lehrer; wer sie nicht zu mögen meint, sollte in der Schule nicht arbeiten. Persönliches Engagement von Lehrerinnen und Lehrern, die schon jetzt so arbeiten, sei ausdrücklich erwähnt.

Unzählige Möglichkeiten bietet die Nutzung der sich in der Schüler-, aber auch in der LehrerInnengruppe anbietenden Positionen und Rollen helfender, fördernder, moderierender Art und ähnliches im sachlichen Bereich (Lehrstoff) und im sozialen Gefüge der Klasse wie des Lehrkörpers. Zusammenarbeit der Lehrerinnen und Lehrer mit den Kindern, den Eltern und Angehörigen, den Pflegeeltern wäre zu verstärken und auszudehnen auf BeraterInnen, SozialarbeiterInnen, PsychotherapeutInnen, FamilienrichterInnen u. a. m.

Wertschätzende Akzeptanz ist ein wichtiger Aspekt in der Gemeinschaftserfahrung in den Gruppierungen der Schule. In der Gruppe gewonnene und verstärkte Eigenständigkeit, Mündigkeit, Selbstsicherheit u. a. läßt Agieren eher zu Rücksichtnahme und Selbstbestimmung wachsen, als im Reagieren verharren.

Je mehr partnerschaftliches Leben, also Gleichberechtigung im Anderssein, in der Gruppierung Klasse gelebt und gelehrt wird (soziales Lernen), desto weniger werden „Außenseiter" (z. B. Behinderte, sozial Schwache) sich außen empfinden, desto weniger werden Ängste entstehen, die Störungen im zwischenmenschlichen Kontakt bedingen können. Auseinandersetzung und integrierte Gruppenarbeit im Leistungs- wie im Bereich des sozialen Gefüges, Unterschiedlichkeiten und Gemeinsames sollten Inhalt des schulischen Lebens in den Gruppierungen der Klassen wie in den Gruppen der Lehrkörper sein – und die Interaktion der beiden.

Die Arbeitswelt, der Job, die Tätigkeit in kleinen und großen Betrieben und Organisationen stellt an die in ihr wirkenden Menschen Anforderungen, auf die in den verschiedenen Bildungsbereichen nicht immer genügend vorbereitet wird.

Leistungsverpflichtung und Einfügen in bestehende oder entstehende Gruppierungen, fachlich neue Aufgaben und kollegiale Unsicherheiten

verlangen oft viel Ein- und Umstellung, um lebbar zu werden. Führungs-
verhalten sollte darauf und auf die natürlich entstehenden Konkurrenzsi-
tuationen einzelner wie gegenseitiges Auf- und Abwerten von Gruppen
mit verschiedenen Aufgaben im Gesamtgefüge bezogen sein.
Nicht selten ist die Zugehörigkeit zu verschiedenen Gruppierungen zugleich gegeben, z. B. fachlich kompetenter, hierarchisch funktioneller, politisch engagierter Art u. a., also etwa Fachkraft, Mitarbeiterrang, Be-
triebsratszugehörigkeit. Eingebrachte Gruppenerfahrung von Mitarbeitenden wie Leitenden wird in solchen Situationen nur förderlich sein können,
Teamarbeit und Autonomie, Karriereschritte und Gruppenleistung, Ver-
netzung von Arbeitsvorgängen wie Zusammenarbeit von Gruppen fördern.

Das verlangt die Mühe der Information über die eigene Arbeit und die eigene Gruppensituation, die Annahme der Information der anderen und die
Kommunikation darüber. Erst dann wird Kooperation gelingen können –
allerdings nicht konfliktfrei sein.

Alte Verhaltensmuster sind oft hinderlich: Wer spricht sie an? Wer fördert
Veränderungen? Was geht von unten und oben und auf gleicher Ebene?

Teamarbeit hat ihre Leistungsbezogenheit und ihre Beziehungsbereiche.
Beide bilden eine Art Koordinatensystem. Es geht um die Resultierende,
nicht um die Stärkung oder Schwächung einer der Koordinaten.

Die Kommunikation im Team wird aufgaben- und zielorientiert wie emo-
tions- und kontaktbezogen sein. Ein emotionsloses Zusammenarbeiten ist
in einer Arbeitsgruppe nicht möglich, ebensowenig wie die Forderung
nach völliger Objektivität.

Teamarbeit ist, wie Erfahrungen und Fortbildungsangebote zeigen, üb-
und lernbar, wie z. B. Feedback in Gruppen geben und annehmen zu können. Von Führungskräften wie Mitarbeitenden getan, hat sie oft erstaunli-
che Erfolge, kann struktursichernd und leistungsfördernd sein, wie sehr
detaillierte Berichte aus Betrieben zeigen.

In jeder Gruppe wirken Funktionen, die, wie z. B. führende, bestimmte
Tätigkeiten beinhalten, die in verschiedenen Rollen, in Rollenverhalten
und im Eingehen auf Rollenerwartungen wirksam werden. Auch hierbei
entstehen natürlich Konflikte und es bedarf der nötigen Konfliktkultur.

Wertschöpfung und Wertschätzung sollen als integriertes Begriffspaar getan und umgesetzt werden, in allen Ebenen und Gruppen eines Betriebes.
Wirtschaftlichkeit und soziales Engagement in Form, Inhalt, Tun und Ge-
meinschaftsgeschehen trägt zu Zusammengehörigkeitsempfinden, zur
Motivierung des Mitarbeiters bei und führt zu Erfolgen.

Das mehr angedeutete als näher beschriebene Gruppenleben und die zu verstärkende Gruppenarbeit in diesen sensiblen Bereichen muß und kann nur ein Hinweis auf die weit größere Komplexität sein: etwa die sich wandelnde Bedeutung der „Alten" und deren Integrierung in den Familien (z. B. Pflege), die Kinder und Jugendlichen der Gast-, Fremdarbeiter und Flüchtlinge in den Schulen, die Arbeitslosen bzw. von der Arbeit „Freigestellten" in der Arbeitswelt. Störungsanfällige, krankmachende Situationen entstehen, sie wirken auch in die sie umgebenden Gruppen. Es gibt viel zu viele krankmachende Situationen, die gesellschaftspolitisch übergangen werden.

Gruppenarbeit und vernetzte Arbeit im psychosozialen Feld

Wenn die psychosoziale Situation „der Leute" verbessert werden soll, bedarf es unbedingt weiterer Schritte zu einer umfassenden Gesundheitspolitik. Es bedarf viel mehr als bisher der Arbeitsschwerpunkte dort, wo Krankmachendes entsteht. Die Hilfen für die psychisch Erkrankten zu sichern und auszubauen ist nur ein Teil der Gesundheitspolitik.
Arbeit im psychosozialen Feld muß mehr Gewicht auf das Leben legen, das in Gruppen geschieht, wenn anscheinend nur ein Mensch gestört oder störend ist. Prophylaktische Arbeit muß sich hauptsächlich um Leben und Tun in Gruppen, um die Zugehörigkeiten zu Gruppen annehmen: Familie, Kindergarten, Schule, Kinder- und Jugendverbände, informelle Gruppen wie Hausgemeinschaften etc., Arbeitswelt u. a. m. Dort geschieht und wird erfahren Erfüllung und Verzicht, Dynamik von Beziehungen, das Miteinanderleben mit Hirn, Herz und Hand und immer auch Konflikte und deren Bearbeitung im Zusammensein.
Viele Berufsausbildungen sollten mehr Gewicht legen auf Arbeit mit und in Gruppen, Erkennen deren eigener Dynamik, der Stärken im Leistungsbereich, der Spannungen in Individuum und Gruppe, Mehrfachgruppenzugehörigkeit, Chancen und Ressourcen des Erreichens von Erfolgen, die dem einzelnen Menschen nicht möglich sind, u. a. m.
Gruppenphänomene sind „im Alltag" ungemein vielfältig wirksam, Gruppenerfahrenen mehr fördernd als hindernd erkenn- und anwendbar.
Es sei noch verwiesen auf die Tätigkeit der verschiedenen Selbsthilfegruppen, die krankmachenden Entwicklungen und Verschlechterungen ihrer Mitglieder vorbeugen wollen und durch das Nützen der Gruppe ihre und ihrer Mitglieder Aktivitäten stärken.

Bei mehr Beachtung von Gruppenleben und Gruppenentwicklung braucht es vernetzte Arbeit als wesentliche Voraussetzung aller Bemühungen um prophylaktische Wirkung. Vernetzte Arbeit erleichtert auch das Abgehenkönnen von hoheitlich gesetzten Maßnahmen zugunsten von Angeboten.

Vernetztes Arbeiten braucht wiederum Gruppenerfahrung. Es gilt, bei allen im psychosozialen Feld Tätigen die eigenen Kompetenzen wie die eigenen Grenzen zu sehen – und mit den anderen zu kommunizieren. „Ein bisserl was" von sozialer Gruppenarbeit zu verstehen genügt, um etwa die bezogene Tätigkeit eines Sozialarbeiters in einer „Unterschichtfamilie" anzuerkennen. Für Problemerkennen oder gar für gerichtete Kontakte zu einer solchen Familie genügt es nicht.

Es ist mehr als fragwürdig, wenn ein Professionist im psychosozialen Feld sich als „halber" Jurist, „halber" Psychologe oder anderer „halber" neben seiner eigenen Profession bezeichnet. Verständnis für den anderen Bereich, für dessen Kompetenz, Wissen um einige seiner Ressourcen soll sein, als Basis für die Zusammenarbeit. Die Grundformel: Informationsaustausch über die Arbeitsbereiche, dann Kommunikation darüber, kann zur Kooperation führen; erst wenn diese gelingt, haben die Klienten etwas von den Bemühungen – gilt hier besonders. „Herumschicken" ist ein gegenteiliger Effekt.

Besonders wichtig ist vernetztes Arbeiten in interprofessionellen Gruppen, z. B. bei Projektgruppen, wie Begleitung von Scheidungsfamilien, Interkulturellen Gruppen, Umschulung von Langzeitarbeitslosen u. a. m.

Prophylaktisches Arbeiten im psychosozialen Feld, Befassung mit dem Entstehen von krankmachenden Situationen für Menschen und mit ihnen selbst, Beraten, Begleiten (gemeint als annehmen, fördern, loslassen) und andere Zuwendung braucht viel Engagement und viele konkreten Schritte.

Aus dem Kreis aller im psychosozialen Feld arbeitenden Professionisten der Beratung, Juristerei, Medizin, Pädagogik, Psychologie, Psychotherapie, Sozialarbeit, Sozialpädagogik und anderen sollten möglichst bald und gemeinsam die nächsten Schritte in der psychosozialen Gesundheitsvorsorge getan und politisch dringend eingemahnt werden – mit Sachargumenten und Emotionen, mit Anbieten von Ressourcen prophylaktischer Arbeit, besonders mit und in den betroffenen Gruppen – und mit professionell menschlichem Hausverstand.

Harald Picker

Psychoanalyse und Hoffnung

In der Geschichte der Psychoanalyse gibt es das Erbe des primitiven Atheismus S. Freuds – in der Geschichte der Kirchen erleben wir als Gegenstück viel primitive Theologie. Die Primitivität beider Phänomene kann als beschränkende Entwicklungsstörung verstanden werden, die – „von allen guten Geistern verlassen" – Übergangsobjekte verloren hat, die zum „Geiste, der lebendig macht…" weiterführen können. Die Fähigkeit, zu hoffen, „die Hoffnung", ist eines dieser Übergangsobjekte, die Psychoanalyse und Theologie zu versöhnen vermögen.

Die von Winnicott entwickelte *Theorie der Übergangsphänomene, der Übergangsobjekte,* verdient über die Entwicklungspsychologie hinaus umfassendere und grundsätzlichere Bedeutung.

Wir sind gewohnt, das Übergangsphänomen auf die Erlebniswelt des sich entwickelnden Kindes zu beziehen, daß nämlich das Kind, um die zeitliche Trennung vom Elternobjekt zu überbrücken, statt dieses vorübergehend fehlenden Objekts „Ersatz" sucht. Wir wissen um die vielfältigen Formen solcher möglichen Übergangsobjekte, vom Polster, von einem Stück Stoff, von Püppchen und Teddybären bis hin zu den technischen Errungenschaften der heutigen Medienwelt.

Wir erkennen, daß wir auch als Erwachsene – ohne dabei sehr regressiv zu sein – an unseren persönlichen Übergangsobjekten „hängen", an den Reliquien und Andenken unserer Lebensphasen, die uns viel bedeuten. Letztlich sind auch unsere Kulturstätten – in ihrer Ruinenhaftigkeit tatsächlich oft nicht besonders ästhetisch – Übergangsobjekte. Sie sind eben nicht nur jener „Haufen Steine", als die sie Qualtinger, die „Kulturbanausen" verspottend, bezeichnet, sondern stehen als „Weltdenkmäler" unter dem Schutz der UNO.

Winnicott: „… die frühesten Erfahrungen des gesunden Säuglings, die sich in der Beziehung zu seinem ersten Besitz äußern, bieten ein reiches Beobachtungsfeld. Dieser erste Besitz ist nach rückwärts mit den ersten weichen Stoffpuppen und Tieren und mit hartem Spielzeug verbunden. Er steht mit dem äußeren Objekt (der Mutterbrust) wie mit den inneren Objekten (der magisch introjizierten Brust) in Zusammenhang und unterscheidet sich doch von beiden. Die Übergangsobjekte und -phänomene gehören dem Bereich der Illusion zu, die am Anfang aller Erfahrung steht. Diese frühe Entwicklungsphase wird durch die besondere Fähigkeit der Mutter ermöglicht, sich den Bedürfnissen ihres Kindes anzupassen und dem Säugling damit die Illusion zu gestatten, daß, was er sich erschafft, auch wirklich existiert. Im allgemeinen zieht das Kind seine Besetzung vom Übergangsobjekt allmählich ab."

Winnicott hat die Begriffe „... Übergangsobjekt und Übergangsphänomene eingeführt, um jenen Erlebnis- und Erfahrungsbereich zu bezeichnen, der zwischen dem Daumenlutschen und der Liebe zum Teddybären liegt, zwischen der oralen Autoerotik und der echten Objektbeziehung, zwischen den ersten schöpferischen Aktivitäten und der Projektion dessen, was bereits introjiziert wurde." (Winnicott, 1951)

Das Interesse gilt dem Zwischenbereich von Erfahrungen, zu denen innere Realität und Außenwelt gleicherweise ihren Beitrag leisten, die sich im Übergangsobjekt treffen, *ohne mit ihm ident zu sein.*

Rudi Ekstein, durch persönliche Freundschaft mit Winnicott verbunden, hat uns bei seinen Wien-Besuchen oft über seine Sicht der Bedeutung von Übergangsphänomenen für den gesamten Lebenslauf – über die Kindheit hinaus – sehr persönlich berichtet:

„Es ist für mich ein interessanter, neuer Aspekt, Übergangsobjekte als etwas zu sehen, das den beständigen Wandel in unserem Lebenslauf repräsentiert. Zu Beginn des Lebens werden Übergangsobjekte an das Kind herangetragen und sind lediglich passive Erwerbungen. Doch später, in der Kindheit, der Jugend, dem frühen und dem reifen Erwachsenenalter und schließlich im Alter sind die Übergangsobjekte aktive Errungenschaften. Sie haben auch eine unterschiedliche Bedeutung im Prozeß der Entwicklung und Reifung und im Prozeß des Alterns und Loslassens ..." (Ekstein, 1994).

Das Übergangsobjekt – eine Illusion?

Es ist wahrscheinlich die naturwissenschaftlich orientierte Sprache daran schuld, daß Winnicott – wie ich meine, fälschlich – das Übergangsobjekt als „Illusion" des Kindes definiert.

Es ist dies im Zusammenhang mit der oben zitierten Stelle in seinen Ausführungen zwar fast bedeutungslos, im Hinblick aber auf unsere Fragestellung in bezug zu „Hoffnung" erachte ich es für wichtig, die Realitätsebenen differenziert zu bedenken.

Ein Übergangsobjekt ist deswegen keine „Illusion", weil das Kind – entsprechend den Erkenntnissen der Säuglingsforschung – die Realität *Mutterbrust* nicht ohne weiteres damit verwechselt, sondern mit dem Übergangsobjekt auf einer ganz anderen Bewußtseinsebene kommuniziert, auf einer Realitätsebene, die zwar anders ist, aber nicht auf simpler Täuschung beruht. Es ist nicht die Illusion der Taschenspieler, keine Vortäuschung, sondern eine eigene Qualität.

Insbesondere bei fortschreitender Reifung wird dieser Unterschied immer klarer. Die Gewohnheit, den Begriff „Realität" auf greifbare Dinge zu beziehen, kann uns im alltäglichen Gebrauch dazu verleiten – grob fahrlässig –, den Realitätsbegriff zu vereinfachen.

Auch der Begriff „Übergangsobjekt" ist bezüglich der Betonung des Objekts verführerisch.

Denn es ist nicht das Objekt, welches den Übergang definiert –, sondern der Prozeß. Gerade auch deswegen ist die Beschaffenheit, das Aussehen des Übergangsobjekts zweitrangig und für den Prozeß, das Übergangs*phänomen,* unwesentlich.

Die Definition der Realität als etwas Dingliches würde uns in letzter Konsequenz dazu verleiten, uns selbst – unser Bewußtsein – als „Illusion", als „Irrealität" zu beschreiben.

Auch unser Bewußtsein, unser *„Selbst"* ist *kein Ding,* sondern ein *Prozeß,* ein interaktiver Prozeß von Anfang an und besteht nur, solange dieser Prozeß „läuft".

Das so einfach erscheinende „entwicklungspsychologische Ding *Übergangsobjekt"* entpuppt sich bei differenzierter Betrachtungsweise zum *„Übergangsphänomen",* welches ein Paradigma für den Zusammenhalt und die Interaktion der Realitätsebenen sein könnte. Ich meine, daß die Realitätsebenen durch Übergangsphänomene verbunden sind, nicht im Sinne einer „Illusion", sondern als eine Form der *„Evolution von Realität".*

Es ist nicht neu, daß jede Philosophie *„Psychophilosophie"* ist. In unserem thematischen Zusammenhang erfahren wir dies sehr deutlich.

Bewußtsein – ein Prozeß von Übergangsphänomenen
Begriffe als Übergangsobjekte

Die These kann lauten: *Menschliches Bewußtsein ist grundsätzlich ein Prozeß, der durch Interaktion mit Hilfe von Übergangsphänomenen in-*

haltlich und dynamisch bestimmt wird. Bewußtsein ist Bild- und Sprachbewußtsein und nur als solches reflektierendes Bewußtsein.

Gefühle „bewußtmachen" bedeutet, sie über den neurobiologischen sensorischen Erlebnisprozeß hinaus in Bild- und Sprachformulare zu fassen, die „Katharsis" zu reflektieren, nicht „nur" zu spüren, vielmehr auch zu denken (Sprache) und zu sehen (Bild), zu symbolisieren.

Auch die Affekte des Säuglings bedürfen der interaktionellen definitorischen Bearbeitung durch die Elternperson, um als *bewußte Affekte* „Emotionen" zu werden und in die Beziehung zur Welt *begrifflich eingeordnet* und im sprachlichen Denken benannt werden zu können.

Die *„Bewertung"* (Ethik…) durch das Individuum selbst wird erst so möglich.

Die Bedeutung dieser Prozesse für die „Normalität" menschlicher Emotionalität kann ermessen werden, wenn wir an die Katastrophenpersönlichkeiten denken, deren Affektivität und Emotionalität durch Versagen dieser *definitorischen Bearbeitung* zu abnormen pathologischen Verhaltensweisen entwickelt wurden, zu einem „falschen" (= inhumanen) Bewußtsein.

„Begriffe" können nur gebildet werden, wenn sie übergangsphänomenale Entwicklungsschicksale durchlaufen. Begriffsbildung ist wahrscheinlich niemals abgeschlossen, kann reif oder noch unreif sein, vor allem ist jede Begriffsbildung vom Übergangsphänomen her emotional geprägt und besetzt.

Diese Begriffsbildung inkludiert *„Gut und Böse"* sowohl als Eigenschaft als auch als Personifizierung (Objekt). Die Vorläufer von „Gut und Böse" sind zunächst – dem Lust-Unlust-Prinzip unterworfen – „Angenehm und Unangenehm" und unterliegen einem sehr schwierigen und konfliktreichen Entwicklungsprozeß. „Gott" und „Teufel" sind in ihren Eigenschaften nur ambivalent und von Individuen „höchstpersönlich-verschieden" erlebbar – ganz im Gegensatz zu der völlig abstrakten Definition von „Gut – Böse".

Gute und böse Übergangsobjekte

Im allgemeinen denken wir beim Begriff „Übergangsobjekt" an ein gutes, liebes Objekt, welches den guten Anteilen der Mutter entspricht. Die angsterregenden, verweigernden, verfolgenden – und insofern „bösen" – Anteile werden abgespalten, zum Teil verdrängt, kehren jedoch immer wieder zurück. Sie müssen im Dienste der Angstabwehr „handhabbar" werden, verfügbar, kontrollierbar sein, der Manipulation durch das Kind unterworfen werden. Es werden daher auch die „bösen" Übergangsobjekte gebildet, vor allem auch im Dienste der *Begriffsbildung,* ohne die „das *Ich* nicht werden kann, wo *Es* war". Sie werden in das Leben des Kindes einbezogen, den guten Übergangsobjekten hinzugefügt, im Sinne der Abwehrform „Identifikation mit dem Aggressor" auch geliebt. Kasperl und Krokodil, Superman und Zombies – die Welt als Kasperltheater und Computerspiel. Heilssekten, Teufelskulte, Inländer, Ausländer …

Die Übergangsobjekte, ob gut oder böse, sind für den Außenbeobachter genauso schön, lächerlich oder grauslich, wie es die ersten Übergangsobjekte der Kindheit für die jeweils anderen, die andere Übergangsobjekte für sich gewählt hatten, waren.

Das vom Übergangsobjekt vertretene Objekt muß erfahren worden sein – „Sehnsucht"

Wir nehmen an, daß *Trennungsangst,* die durch Überbrückung vermieden werden soll, die Erfahrung eines sichernden, geliebten Objekts („Mutterbrust") zur Voraussetzung hat. Wir dürfen aber auch annehmen, daß eine „Sehnsucht", eine *Suchtendenz* als eine wahrscheinlich genetisch veranlagte Aktion des Kindes besteht, eine menschheitsgeschichtliche *„Vor-erfahrung"* des Individuums, die Jung in der Theorie des „Kollektiven Unbewußten" beschreibt.

Die *„Archetypen"* C. G. Jungs als veranlagte Übergangsobjekte zu sehen, mag ungewöhnlich erscheinen, sie erfüllen aber durchaus deren Funktion. Sie werden dann in einer Kette von Realisierungs- und Abstraktionsversuchen vielfältig abgewandelt, selbst wieder durch andere vertreten, symbolisiert, gehen in die Begriffsbildung ein. Sie bilden ein System, welches sich in der Praxis der psychoanalytischen Technik auf seine Ursprünge zurückführen läßt. Die Techniken der *„freien Assoziation"* und der *„Arbeit mit Übertragung"* sind so miteinander verwandt.

Die *Erfahrbarkeit* jedes, auch des „veranlagten" Übergangsobjektes will realisiert werden, die *Suche nach dem Eigentlichen* geht in vielen Stufenschritten vor sich, zunächst im dinglichen Bereich der Umwelt, dann aber – aufgrund von Frustration – im Begrifflichen, Abstrakten.

Die Erfahrung mit der Sehnsucht ist aber, daß sie *unstillbar* ist. Die partielle Erfahrung, von der „Mutterbrust" vollbefriedigend *gestillt* zu sein (…

und selig lächelnd, wie ein satter Säugling), ist nie endgültig zu sichern. Der Kirchenlehrer Augustinus versucht es auf seine Weise, wenn er sagt: „In jedem Menschen ist ein Abgrund, den man nur mit Gott füllen kann." Jeder *Begriff* ist ein Abkömmling eines realeren Übergangsobjekts auf einer der bestehenden Realitätsstufen, die die jeweils anderen Realitätsebenen wirksam beeinflussen, auch die physisch-physikalische. Die Realität der Übergangsprozesse löst die *„konstruktivistische Weltsicht"* aus dem Bereich der spekulativen Metapher und stellt sie in die *Evolutionsgeschichte der Realität* als Motor dieser Entwicklung.

Das Ganze der subjektiven menschlichen Lebenserfahrung ist immer mehr als die Addition der Teilstücke an Erfahrung, ist „veredelt" durch das Übergangsphänomen, das – je öfter es erfahren werden konnte – zu dem führt, was wir häufig *„Weisheit"* nennen.

„Weisheit" entwickelt sich als evolutives Reifungsphänomen mit hohem emotionalen Niveau und wird vielleicht deswegen meist dem Alter zugeschrieben. Denn, wenn wir manchmal auch hören, Kinder seien „weise", so liegt wahrscheinlich die Verwechslung mit „unverdorbener Ungebildetheit" vor.

Andererseits ist das Erleben der Gesamtwelt, aller möglichen Realitätsebenen, aufgrund von lebendigen und direktemotionalen Übergangsphänomenen dem noch unbe*schulten* (in diesem Sinn *„unverdorbenen")* Kind doch sehr nahe. („Wenn ihr nicht werdet wie die Kinder, so könnt ihr ins Himmelreich nicht eingehen …")

Hoffnung – ein Übergangsobjekt
Zukunft und Gegenwart

Übergangsphänomene sind Brücken zwischen den Zeiträumen, bauen die *anders nicht definierbare „Gegenwart"* auf, indem sie einen emotional erlebbaren Zusammenhang als Überbau ermöglichen. Sie erfüllen – banal gesprochen – auch die Funktion einer „Zeitmaschine".

Da die Übergangsobjekte *nicht das durch sie vertretene Objekt selber sind,* befinden sie sich gewissermaßen auf dem Weg und bilden an Evolutionsprozesse gemahnend immer neuere und besser geeignetere weitere Objekte, bildlich gesprochen – eine Ahnengalerie.

„Hoffnung" ist eine Objektbildung, die grundsätzlich der *Erfahrung* bedarf und sich ganz wesentlich vom psychischen Vorgang des Wünschens unterscheidet. Hoffnung ist – anders als das Wünschen – mit der *begin-*

nenden Qualität eines „Daranglaubens" verbunden, mit dem *Vertrauen* auf die gütige Qualität der sich *erfüllenden* Hoffnung.

Das „gütige Schicksal" ist die Erfahrung der guten Mutterbrust, die uns nicht im Stich läßt, die sich in ihrem *Aufunszukommen* (Zukunft) nicht danach richtet, ob wir gerecht oder ungerecht sind.

„Man darf die Hoffnung niemals aufgeben ...!" ist das konsensuale Überlebenskonzept aller in Bedrängnis befindlichen Menschen. Sie scheint das dynamischste aller Übergangsobjekte zu sein, vielleicht auch deshalb, weil sie sich nicht auf ein klares „nächstes" Objekt richtet, sondern eine noch in Evolution befindliche Zukunft betrifft, die unserem gegenwärtigen „Selbst" die Möglichkeit erschließt, auch sich selbst erst als vorläufiges Übergangsobjekt zu definieren, welches erst zu seiner vollen *Erfüllung* gelangen kann, wenn das Erhoffte eintritt.

„Hoffnung" birgt die Qualität einer Realisierungspotenz in sich, die emotional bereits vorweggenommen werden kann, an der sich das „Selbst" übergangsobjekthaft „stillt".

Wenn sich allerdings *Hoffnung* mit *Gewißheit* verwechselt, geschieht etwas die Realitätsorientierung sehr Störendes – es wird die bereits oben erwähnte fließende *Assoziationskette der Übergangsphänomene* angehalten. Die Realität in diesem Zustand zu bewältigen, ist dann einigermaßen schwierig:

Herr W. hatte psychoanalytische Hilfe gesucht, da er an der zwanghaften Vorstellung litt, er würde mit voller Sicherheit in der Klassenlotterie den Haupttreffer gewinnen.

Sein Leidensdruck bestand – für sein Bewußtsein – darin, sosehr darunter zu leiden, nicht zu wissen, wann er diesen Millionengewinn erlangen werde. Denn seine gesamte Lebensplanung konnte nicht mit Freude und Überzeugung geschehen, bevor dieses Ereignis nicht eingetreten war. Seine gesamte Zwangssymptomatik hatte sich offenbar in diesem, sein Leben bestimmenden Hauptsymptom vereinigt.

Die Psychotherapie – eine Analyse wurde es nicht – diente dem Zweck, das qualvolle Warten auf sein Glück erträglich zu machen. Der Versuch des Analytikers, ihm statt der Zwangsvorstellung, jedenfalls gewinnen zu werden, die Möglichkeit der *Hoffnung* anzubieten, was ja Lebensqualität statt Ungeduld bewirken könnte, war – vorhersehbar – nicht von Erfolg begleitet.

Im dritten Jahr seiner Therapie trat das schwierig zu qualifizierende Ereignis ein: Herr W. gewann den ersehnten Hauptgewinn seiner Lotterie. Triumphierend demütigte er seinen kleingläubigen Analytiker mit der

Äußerung, er hätte eben die Wahrscheinlichkeitsrechnung außer Kraft gesetzt. Sie hätte nur so lange gestimmt, als er nicht gewonnen hatte. Im Augenblick seines Gewinnes seien seine Chancen klare hundert Prozent – somit eigentlich nicht mehr „Chancen", sondern „Tatsache" gewesen.

Die „Pflichtübung" des Analytikers, dieser verwirrenden Verschlingung aller möglichen Realitätsebenen entgegenzuhalten, seine Gewinnchancen wären zum Zeitpunkt seines Gewinnes keineswegs höher gewesen als in den Jahren seiner Nichtgewinnzeit, konnte er nicht akzeptieren.

Er brach die Therapie ab.

Es gibt jene Märchen, in denen einer seine Seele dem Teufel verschreibt, um alle Gewißheiten (in Form von Reichtum oder Wissen) zu erlangen, aber diese „Abkürzung" nimmt auch jede Möglichkeit, zu *hoffen*. Im Märchen endet sie in *Verzweiflung* – nur mehr auflösbar durch Erlösung. Wie etwa auch in Goethes „Doktor Faust".

An irgendeinem Punkt des Lebens oder Denkens das evolutive Pulsieren, die immer fortwährenden Neugeburten von – in deren Ahnenreihe miteinander verwandten – Übergangsobjekten zu stoppen, den Versuch zu machen, ein endgültig letztes Objekt festzuhalten, welches nicht mehr Übergangsobjekt ist, sondern das *eigentliche Objekt* – damit ist das Hoffen erloschen, Hoffnungslosigkeit das Ergebnis.

Todes-, Trennungs- und Beziehungsangst als Folge dieser Hoffnungslosigkeit führen – als Abwehr dieser Ängste – zu Zwangssymptomen und Charakterneurosen, die auch im Sinne von V. E. Frankl in einer Reihe mit den *„noogenen Neurosen"* genannt werden dürfen. Der lapidare Einwand gegen die hohe Bewertung der „Suche nach dem Sinn", die Frankl ins Zentrum seiner Psychotherapie rückt, nämlich, nach Sinn suche nur, wer trieblich unbefriedigt sei, ist kein wirksamer Einwand, da erstens auch die Triebziele über sich hinausweisen, und zweitens im gesamten Lebenslauf eines Menschen keine dauerhafte Befried(ig)ung möglich erscheint.

Sogenannte *„Fundamentalisten"*, die weder sich selbst noch die Welt, auch nicht ihre Dogmenskulpturen als *Übergangsobjekte* erkennen, sondern ihre „Standpunkte" durch Abbruch der Evolution ihrer Übergangsphänomene einzementiert haben, sind dafür klinische Beispiele.

Ich meine, man darf es wagen, so zu formulieren: *Hoffnung ist die „Mutter" und die Evolutionskraft aller Übergangsphänomene und deren Objekte.*

Der Begriff „Gott"
ist als Übergangsobjekt zu verstehen

Es ist ein psychologisch interessantes Phänomen, daß die Befassung mit dem Begriff „Gott", mit der Frage menschlicher Transzendenz, Peinlichkeit und Scham auszulösen imstande ist, wie wir das sonst hauptsächlich in Fragen der Sexualität oder beim Offenkundigwerden von Fehlverhalten und Schuld kennen.

Es gibt keinen vernünftigen Grund, diese Unsitte weiterzupflegen, obwohl sie traditionell in der „naturwissenschaftlich" orientierten Psychologie, vor allem auch in der Psychoanalyse, beheimatet ist.

Wenn wir die historischen Ausformungen des „Gotteskomplexes", also alle jene schlechten Beispiele, die uns die gute Sitte, über „Gott" zu denken, verdorben haben, zur Seite lassen, alle Unterdrückungen, Dummheiten und Zwänge, die uns Religionsgemeinschaften beschert haben und die Anlaß für Freuds Deutungen des Gottesbildes wurden – selbst dann bleibt ein beachtlicher Rest von Scham und Peinlichkeit. Dieser wird zwar durch tolerante Interpretation des „Gottesdenkens" gemildert – etwa, indem ein gewisses „Brauchtum" zugestanden wird oder neuerdings durch das Aufkommen der „New-Age-Literatur" die Schamreizschwelle gesenkt erscheint –, das Problem bleibt aber grundsätzlich bestehen.

Ich denke, daß diese Scham mit unserem Thema, den Übergangsobjekten und dem Übergangsphänomen, direkt zu tun hat:

Denn „selbstverständlich" meint ja der Begriff „Gott" in der Definition des Allerendgültigsten, des Allmächtigen, des Allperfekten, des ens a se – den Endpunkt aller Übergangsobjektreihen, das endgültige Objekt.

Was aber kann der Mensch, dessen *übergangsobjektbedürftiges Bewußtsein* sich gegenüber diesem Objekt gleichsam selbst auflösen müßte, mit diesem so definierten Gott anfangen?

Es scheint, als hätten die verschiedenen Kulturen in verschiedenster Weise sich damit beholfen, ein Übergangsobjekt – oder auch mehrere – zu schaffen, dieses „Gebilde" dann „Gott" zu nennen und gleichzeitig zu erklären, daß dies kein Übergangsobjekt sei. Daß man an dieser Endobjekthaftigkeit nicht zweifeln dürfe, daß es beschreibbare Eigenschaften dieses Endobjekts gäbe, die durch Offenbarungen und durch die Autorität der jeweiligen „Gottesbesitzer" oder „Gottesbesetzer" gesichert seien. Vor allem auch, daß dieser „Gott" – trotz seiner Allperfektheit – nach dem Vorbild hierarchischer Staatenlenker persönlich beleidigbar und zur Rache neigend Unterwerfung gebiete. Oder aber, daß er sich in Liebe zu den

Menschen verzehre, des Menschen bedürfe, den Menschen Lehren erteile, gütig über die Menschen wache, die Sünden (offenbar wirklich kränkbar) verzeihe.

Je mehr Aussagen über „*Gott*" getroffen werden, desto deutlicher wird uns das Übergangsobjekt, und zwar ab der ersten denkbaren Aussage über „*Gott*".

Gott wird so – je nachdem – zum Teddybären, zum Krokodil (nie zum Kasperl), zu Vater, Großvater, Mutter (nie zum Bruder oder zur Schwester), zum Herrgott, zum König (warum eigentlich nie zum Kaiser?), in Wien zum Zechkumpan („… wann der Herrgott…") oder in gebildeten Kreisen zum „*Etwas*" („Es muß etwas geben…").

Die Scham ist durchaus erklärbar, und auch, warum sie konsequenterweise erst ab einem Lebensalter nach der frühen Kindheit auftritt: Denn, wer läßt sich schon gerne als erwachsene Person beim ernsthaften Spielen mit Teddybären oder Puppen oder sonstigen der Kindheit zurechenbaren Übergangsobjekten ertappen, außer es wäre ein Programm in einem Seminar. Diese Scham bezieht sich eigentlich auch gar nicht darauf, *daß* wir Übergangsobjekte im Zusammenhang mit der Gottesfrage bilden, sondern vielmehr, daß wir dazu neigen oder angehalten werden, an einem bestimmten Übergangsprozeßpunkt die Weiterentwicklung von nächsten und nächsten Übergangsobjekten zu vermeiden, daß wir meinen, wir könnten irgendwann damit aufhören, neue zu bilden.

Die Scham geschieht uns, weil wir erstens primitive Übergangsobjekte im Zusammenhang mit dem Gottesdenken verwenden und zweitens diesen „Prozeßstopp" überhaupt geschehen lassen. Und uns durch diesen „Schranken" tatsächlich als „beschränkt" erweisen.

Zum dritten fehlt uns im allgemeinen jede wirklich florierende Bildung in Philosophie oder Theologie, die es ermöglichen würde, die Übergangsobjektreihen wieder in Evolutionsprozesse zu bringen, – ganz simpel ausgedrückt: weiterzudenken, uns um reifere Übergangsphänomene zu bemühen, die uns nicht in Scham versetzen.

Ich stelle mir die Frage, wie sehr die Überlegungen, die in die „fixe Idee" einer unendlichen Reihe von „Übergangsphänomenen" münden, irgendeine wesentliche Relevanz für die Psychotherapie haben könnten, und neige zu der Ansicht, daß es mindestens für die Bereitschaft des Psychotherapeuten, Reflexionsprozesse und deren Ergebnisse immer nur als vorläufig zu definieren, diese Relevanz ganz sicher gibt. Ich meine darüber hinaus auch, daß der Evolutionsprozeß jeder Erkenntnis, ob im Individuum oder in der psychotherapeutischen Interaktion, von dieser Grundhaltung abhängig ist. Insofern halte ich es für ein psychotherapeutisch-professionelles Erfordernis, daß die psychotherapeutische Reflexion des Problems, *wie man über „Gott" denkt oder denken kann,* als wichtig – auch für die Fortbildung – gesehen wird.

Wesentlich erscheint es mir, zu sehen, daß, – wie einer „*Gott"* denkt –, nicht so sehr von seiner Intelligenz abhängig zu sein scheint, sondern eben von der Art und Weise, welches Schicksal Übergangsphänomene im Laufe seiner Biographie genommen haben.

Das Prinzip der Evolution der Übergangsphänomene und Übergangsobjekte mündet letztlich in die Hoffnung, daß sich der gesamte Kosmos als Übergangsobjekt in Evolution auf *das Endobjekt* entwickle, welches aber, entsprechend unserem Gedankengang, weder „*End-"* noch „*-Objekt"* sein kann.

Literatur:

D. W. Winnicott, Transitional objects and transitional phenomena. In: collected Papers – Through Paedriatrics to Psychoanalysis. New York: Basic Books, Inc., 1951.
Rudi Ekstein, Über den Lebenslauf von Übergangsobjekten. In: Jörg Wiesse (Hg.), Rudolf Ekstein und die Psychoanalyse, Vandenhoeck & Ruprecht, 1994.

Wolfgang Esö

Die Kunst der Psychotherapie

Zenmeister Ummon unterwies seine Schüler: „Wenn ihr geht, geht. Wenn ihr sitzt, sitzt. Aber schwankt nicht." Bei der Betrachtung einer unsagbar schönen Steinskulptur fragten die Betrachter den Künstler: „Meister, wie habt Ihr das gemacht?" Dieser antwortete: „Ach, das war schon immer im Stein. Ich habe bloß das überflüssige Material entfernt."

Wir leben am Ende des 2. Jahrtausends, aber auch am Ende des naturwissenschaftlichen Zeitalters, was die Antwort auf die Fragen des Lebens und des Menschseins betrifft. Dies glaube ich, weil ich in meiner Arbeit als Psychotherapeut deutlich sehen kann, wohin uns die Wahn-Sinns-Idee der beliebigen Machbarkeit auch in unserer Seele gebracht hat. Noch nie war die Kluft größer zwischen der Sucht nach beliebigem Handeln und der hilflosen Unfähigkeit, zu sein.
Doch wo die Not am größten ist, da wächst auch Hilfe. Religion und Medizin geben die Antwort auf die Hilflosigkeit der Seele meist, indem sie Licht und Rettung von außen ankündigen. Die Psychotherapie – zumindest so wie ich sie verstehe – negiert diese Möglichkeit nicht, aber sie weiß, daß all dies im Sande verläuft, wenn nicht auch Heilung aus dem Inneren des Menschen selbst erwächst.
Der Begleiter des Menschen, der sich auf die Suche nach dem inneren Heiler in sich selbst gemacht hat, ist der Psychotherapeut. Man kann niemandem Psychotherapie bringen oder schenken, sie ihm aufzwingen oder ihn dazu überreden. Sie ist im wahrsten Sinne freier Wille im Hier und Jetzt.
Psychotherapie ist eine Kunst. Sie ist eine Kunst der Schönheit und ihrem tiefsten Wesen nach eine freie Kunst. Damit ist sie in ihrem eigentlichen Sinn nicht lehr- oder lernbar. Das Ergebnis dieser Kunst, die Selbstsorge für und die Selbstantwort des Klienten auf seine Seele, ist eine Gnade und kein vorhersehbares und beliebig wiederholbares Produkt. So wie der Künstler kann auch der Therapeut nichts vollbringen, wenn er nicht wartet, ringt, staunt, vertraut, hofft und scheitert.
Es gibt Wissen und es gibt Weisheit. Die Weisheit ist das Wissen hinter

dem Wissen, und sie ist auch der Mut zum Nichtwissen. Wissen allein nützt wenig in der Psychotherapie, es ist aber das einzig Erlernbare, das einzig Prüf- und Meßbare und somit das einzig Machbare. Damit sind wir wieder bei der Einleitung.

Vor den großen Hochkulturen gab es bei den Menschen die Kunst des *Schauenden Bewußtseins*. Es ist das Schauen der tiefen Wahrheit der Menschen als Bild, noch ohne Namen und Bezeichnung, als Eindruck und sonst nichts, noch ohne sichtbaren Ausdruck durch das Festhalten von Menge und Wert. Die letzten Reste dieses Schauenden Bewußtseins finden sich heute bei den wenigen Stammesgesellschaften und ihren Schamanen. Die Herkunft des Wortes „Schamane" ist unklar, möglicherweise liegt seine Wurzel im tungusischen Verb „ša" für wissen.

Psychotherapeuten sind mit Sicherheit keine Schamanen, dazu fehlt ihnen auch der kulturelle Hintergrund. Doch der wichtigste Teil ihrer Arbeit, das Schauen auf das Phänomen der einzigartigen Seelenlandschaft ihrer Klienten, das Schauen auf die Kräfte des Lebens und des Sterbens, ist ein Berührungspunkt mit der schamanistischen Tradition.

Dabei hilft ein naturwissenschaftlicher Zugang zum Menschen sehr wenig, ja manchmal verstellt er sogar den Blick für Ganzheit und „unvernünftige" Vernunft. Schon mehr helfen dabei Intuition und Inspiration, im Augenblick entstehende Eingebungen und ver-rückte Einfälle für Interventionen. Die Kräfte des Leidens und des Todes lassen sich nur wenig von vernünftigen Argumenten und gesunden Übungen beeinflussen; schon eher aber kann man sie manchmal überlisten und die Seele durch Verunsicherung von ihrem verstörten Pfad weglocken.

Ob Psychotherapie heilt, ist umstritten. Sie heilt nicht im deterministischen Sinn, sondern sie heilt durch die Gnade des Möglichen in jedem einzelnen Fall. Wenn sie jedoch heilt, dann tut sie dies umfassend und tief. Dann wird der ganze Mensch von diesem Heilungsprozeß mitgerissen und oft zu einem besseren Schicksal geführt. Der Psychotherapeut ist dabei nicht der Heiler; der Mensch heilt sich selbst, er ist schon heil, so wie die Skulptur bereits im Stein ist, der Therapeut entfernt nur das überflüssige Gestein.

Fähigkeit und Begabung des Psychotherapeuten sind also eher künstlerischer als verstandesmäßiger Natur. Scharfsinniges Denken ist dabei nicht verboten, jedoch nur, wenn man bereit ist, gegebenenfalls sofort auch darauf zu verzichten. Das Kunsthandwerk der Psychotherapie jedoch ohne Inspiration zu betreiben ist gefährlich und wirkt auch nur oberflächlich und von außen betrachtet beeindruckend.

Das heißt, Psychotherapeuten werden nicht ausgebildet, sondern sie werden wie die Schamanen in Nestern im Weltenbaum geboren. Ihr Nest ist ihre eigene Leidensgeschichte, und sie müssen sich zunächst einmal selbst heilen, bevor sie andere dabei begleiten können. Und wie Künstler können sie nichts lernen, ohne es nicht selbst in sich wachsen gesehen zu haben. Mir ist bewußt, daß ich hier gegen den Zeitgeist spreche, doch geht es mir nicht darum, gegen eine herrschende Meinung zu sein. Vielmehr bin ich für die Achtung vor dem Geheimnisvollen der Heilung und für die Demut des Menschen vor dem, was größer ist als er. Und das gilt natürlich in ganz besonderem Maße für die Psychotherapeuten.

Aus dem Rubaijat von Omar dem Zeltmacher:
Nach Regeln der Vernunft zu leben
Ist zwar ein gar vergeblich Streben
Doch Meister Schicksals flinke Hand
Schlägt tüchtig zu und lehrt uns leben.

Almut Ladisich-Raine

Von den Süchten der Therapeuten und der Weisheit des Schlichten

Wer sich ein bißchen auskennt, der weiß: Wir leben in einer süchtigen Welt.

Das Thema beschränkt sich nicht auf Alkoholiker, Fixer, Raucher – zwar auch, aber nicht nur. Ich habe am Anfang meiner Berufstätigkeit sieben Jahre in der Suchtkrankentherapie gearbeitet, als Streetworker, dann in Therapeutischen Gemeinschaften, genug, um das Problem genau kennenzulernen.

Natürlich wurde ich auch mit Sucht- und Abhängigkeitspotentialen in mir selbst konfrontiert – Suchtkranke sind erbarmungslose Lehrer!

Um es hier für unsere Fragestellung etwas genauer zu formulieren: Sucht ist ein Verhalten, das eine *Anpassung* an die Realität *vorgaukelt.* Sie hat die Funktion, eine unüberbrückbar scheinende Diskrepanz zwischen Selbstbild und phantasierten oder tatsächlichen Anforderungen der Außenwelt mit *untauglichen* Mitteln zu kompensieren.

D. h. der Süchtige ist mit sich und der Welt nicht in Einklang, der gesunde Energieaustausch gelingt nicht – er bleibt trotz des Suchtmittels langfristig unzufrieden.

Um die Illusion gelungener Anpassung aufrechterhalten zu können, muß der Süchtige die Dosis ständig erhöhen. Das Problem ist nur – es ist nie genug. Man kann sagen: die Gestalt des Süchtigen schließt sich nie; außer: ich erkenne die Sucht und gebe auf – und beende das Spiel. Welche Befreiung!

Vielleicht werden gewisse Parallelen im Bereich der Psychotherapie jetzt schon sichtbar.

Als ich vor mehr als 20 Jahren anfing, mich beruflich mit Menschen zu beschäftigen, lernte ich eine Sucht kennen, die dazu führte, daß ich mich zunehmend verausgabte, erschöpfte, ausbrannte. Das ist die Sehnsucht, die Sehnsucht nach einer heilen Welt, dem paradiesischen Zustand; und der Harmonie, der Liebe unter den Menschen. Die Sehnsucht eines jungen Menschen nach einem besseren, ehrlicheren, authentischeren Leben, nach Heilen und Retten, im Anderen das an Lebendigkeit, Sensibilität und Lebensmut fördern, was ich gerne in mir selbst geliebt und gefördert sähe;

den Anderen retten, um mich selbst zu retten – in einer unmenschlichen Welt ein Stück Solidarität mit den Schwachen, um das Zarte und Schwache in mir bewahren zu können. Nebenbei, diese Wünsche habe ich noch heute, wenn auch meine Einschätzung des Möglichen realistischer geworden ist. So verständlich diese Sehnsucht ist, so ist sie auch eine Falle. Ich will etwas von dem Anderen – er soll meine Harmoniewünsche erfüllen, er soll „gesund" werden, um mich in meinem Anliegen zu bestätigen – er soll es für mich tun.

Der junge Therapeut entwickelt nun allzuleicht Allmachtswünsche als Heiler – am liebsten würde er die Welt neu und besser erschaffen. Nun ist er manipulierbar und kränkbar, denn bei solchen heeren Vorhaben ist bekanntlich der Teufel nicht weit.

Wird er oft genug enttäuscht von Patienten und Kollegen – die ihm partout nicht helfen wollen bei seinem leidenschaftlichen Unterfangen –, so kann es leicht passieren, daß sein guter Wille umschlägt in Verachtung oder andere Formen von inadäquater Realitätsbewältigung. Vielleicht hat er jetzt das Bedürfnis, sich viel zu kaufen, um sich zu belohnen für seinen Einsatz, ißt oder raucht zuviel, geht zu einem Guru oder wird intensiv theoriegläubig.

Oder er versucht es mit Macht.

Er oder sie verfolgt eine Karriere, die ihm oder ihr eine Machtposition verschafft. Und wenn es gutgeht, dann kann er seine Sehnsucht weiter verfolgen, auf maßvolle und realistische Weise.

Wenn es schlechtgeht, dann kann gerade Macht ein sehr untaugliches Mittel sein, um die Diskrepanz zwischen meinem Selbstbild und den Anforderungen meiner Umwelt zu kompensieren. Ich kann meine Kenntnis von der Natur der Menschen mißbrauchen und immer geschickter manipulieren lernen, kann Angst machen, gegeneinander ausspielen, Schuldgefühle provozieren und meine eigenen Gefühle von Insuffizienz projizieren, ich kann verunsichern und unmündig halten. Ich kann auch als gütiger Übervater-Priester-Guru Abhängigkeiten schaffen, die mir Erfolg und Liebe vorgaukeln.

Ich kann Sexualität und Sinnlichkeit verteufeln oder für meine Machtbedürfnisse einsetzen, Kreativität durch Regeln und Dogmen verhindern. Ich kann behaupten, daß nur bestimmte Arten, die Welt zu sehen oder zu denken, die „richtigen" sind und daß alles andere entweder chaotisch oder sündig oder gestört ist oder zumindest irrational oder – in gehobenen Kreisen – unwissenschaftlich. Ich kann, wenn ich genügend Einfluß mit Verachtung, Skrupellosigkeit und Selbstgerechtigkeit mische, eine Unzahl von Menschen davon überzeugen, daß sie an sich unnütz, schuldig, häßlich und krank sind – außer sie begeben sich in meine therapeutische Obhut bzw. folgen meinen Lehren.

Ich kann auch künstliche Paradiese schaffen, Inseln voller Harmonie, und alle aggressiven und paranoiden Impulse nach außen lenken. Die Sucht nach dem Wir-Gefühl treibt volle Blüten – das Glück im Psychohimmel.

Ich kann ein Psychomacher werden – die Sucht nach schnellem Erfolg produziert Psychosoftware mit instant Enlightenment-Garantie.

All dies wird manchmal nur durchschaut von den ganz begabten Kindern, die kein Interesse an unerquicklichen Dramen haben und sehen, daß der Kaiser in Wirklichkeit keine Kleider anhat.

Ich gehe nun einmal davon aus, daß ich und meine Kollegen in unserer Arbeit nicht primär an Macht und Geld interessiert sind. Ich nehme an, daß wir unsere Arbeit ernst nehmen, daß wir viel gelernt haben und bereit sind, das auch weiterhin zu tun.

Ich habe das Gefühl, daß meine Motive sauber sind, daß ich im großen und ganzen Gutes leiste, daß meine Fehler korrigierbar sind – ich bin also ein realistischer, maßvoller Therapeut mit ebensolchen Zielen.

Meine Patienten schreiben mir zu Weihnachten Karten, ich habe genug zu tun und lasse mich auch gerne von Kollegen korrigieren usw.

Dennoch ist da ein nagendes Gefühl von Unsicherheit. Wie kann ich den Finger auf das legen, was wirkt – was ist denn nun eigentlich wirklich therapeutisch? Wäre ich doch Zahnarzt oder Chirurg – dann könnte das Ergebnis leicht betrachtet werden, der Erfolg wäre für jeden sichtbar, mein Vorgehen nachvollziehbar. Anerkennung wäre mir sicher, Geld auch, und gegen Kunstfehler wäre ich gut versichert – nicht zuletzt durch weitgehend verläßliche kollegiale Loyalität.

Aber als Psychotherapeut? Weder Erfolg noch Fehler sind eindeutig nachzuweisen. Ein gutwilliger Klient wird die Unzulänglichkeiten seines Therapeuten auf seine Weise auszugleichen versuchen, bevor er seine Beziehung zum Therapeuten aufs Spiel setzt.

Andererseits haben manche meiner Klienten die Angewohnheit, wichtige Entwicklungsschritte dann zu machen, wenn ich länger in Urlaub bin. Ich komme wieder, und die schönsten Aha-Erlebnisse haben sich ohne mein Beisein ereignet, was mir nicht ohne triumphales Grinsen berichtet wird.

Die Prozesse sind wirklich schwer zu erfassen. Wie kann ich meinen Erfolg definieren, wie für das, was ich tue, Anerkennung finden – vor allen Dingen offizielle? Schließlich möchte ich professionell ernstgenommen werden und mich nicht damit begnügen, was eine Mutter an positiver Beurteilung kriegt, die ihre Kinder gut erzieht – und das auch noch unbezahlt.

Also greife ich nach Erklärungssystemen, produziere Kopfgeburten, erlerne eine komplizierte Fachsprache, lese viele Bücher, versuche die Psyche zu schichten, zu unterteilen: hydraulisch, physikalisch, kybernetisch oder sonstwie Ordnung in das vermeintlich unlogische Chaos der Phänomene zu bringen, und kämpfe verzweifelt um Klarheit und Rationalität. Glücklich, ein paar Zäune, Straßen und Wegweiser in den Wildnissen der Seelenlandschaften erschaffen oder gefunden zu haben. Und wie schnell können solche wohlgemeinten und verständlichen Versuche Suchtcharakter annehmen. Die Begeisterung über das schöne System macht uns allzuleicht blind für Phänomene, die herausfallen, und die naturgegebene Tendenz zur einfachen Gestalt läßt uns gerne nicht Passendes ignorieren.

Die Seele ist in ihren Gestaltungen leider so ungreifbar überdeterminiert, daß immer dann, wenn wir meinen, den Vogel gefangen zu haben, er schon wieder aus einer anderen Richtung flötet.

Was also können wir tun, um für unsere Arbeit anerkannt zu werden, ohne dem Anspruch eines psycho-logischen Perfektionismus zu erliegen – und damit immer wieder in einen Teufelskreis zu geraten?

Wie kann ich, selbst wenn ich subjektiv das Gefühl habe, ein guter Therapeut zu sein, das auch nach außen hin beweisen? Und um das Ganze noch schwieriger zu machen: Wie kann ich – wenn es das Ziel meiner Arbeit ist, daß die Menschen freier, unabhängiger, mündiger, kreativer, spontaner und lustvoller werden, d. h. „personal power" entwickeln, wie Castanedas Don Juan das nannte – auch noch erwarten, dafür offiziell anerkannt zu werden? Sind denn solche Ziele überhaupt erwünscht?

Diese Sucht nach offizieller Anerkennung scheint mir noch die am wenigsten Befriedigung versprechende zu sein. Denn je mehr ich sie will, desto mehr kann man sie mir entziehen. Ein Sadomasospiel.

Wenn ich in einem Berufsfeld stehe, wie viele von uns, wo solche für mich existentiellen Werte eher skeptisch betrachtet werden, stehe ich in einem ständigen Zweifrontenkrieg. Ich will meine Sache gut machen und muß sie gleichzeitig verteidigen gegen die Rigidität von Organisationen, Lust- und Körper- und Kreativitätsfeindlichkeit in herkömmlichen Machtstrukturen und nicht selten unfähigen bzw. veränderungsunwilligen Vorgesetzten.

Als Psychotherapeuten müssen wir mit enormen double-binds kämpfen, ein Wunder, daß nicht mehr von uns dekompensieren. Wenn man da nicht von Natur aus ein guter Schauspieler und Komiker ist, hat man gute Chan-

cen, auf der anderen Seite des Spiels zu landen – siehe Wilhelm Reich.
Es gibt noch eine Möglichkeit – die Flucht in ein falsch verstandenes
Christentum. Die christliche Religion gibt mir nämlich eine Chance zum
Mitleiden; ich kann die Last der Welt auf meine Schultern nehmen, kann
das Kreuz tragen, das andere nicht wollen, und kann mich zusammen mit
meinem Patienten darauf einigen, daß die Welt ein Jammertal ist, aus dem
wir zwar noch das Beste zu machen versuchen, aber daß es letztlich nur
das beruhigende Gefühl der Konfluenz im Leid und Ertragen desselben
gibt.
Die wirkliche Anerkennung kommt nach dem Tod, im Himmel, wo wir
dann endlich die Belohnung für unsere unermüdliche Nächstenliebe, unsere gemeinsam ausgehaltenen Erdenplagen erhalten – die Sucht des un-
verstandenen Heiligen, süchtige Märtyrer. Der Dalai Lama hingegen sagt:
My Nirvana is down on this earth – eine mutige Aussage!
Ich fürchte, es handelt sich hier um eine falsch verstandene Identifikation
mit der Figur des Gekreuzigten. Ich selber bin katholisch aufgewachsen
und habe dieses Bild lange mit mir herumgetragen. Aber eigentlich hätte
schon dem kleinen Mädchen, das zur Kommunion geht, ein fröhlicher, la-
chender und erotischer Erlöser besser gefallen – vor allem einer, der lebt
und Freude daran hat. Früher wäre ich für solche Frechheit auf dem Schei-
terhaufen gelandet.
Trotz all dieser Gefahren im Leben eines Psychotherapeuten liebe ich
meine Arbeit, fühle mich hinreichend anerkannt, entlohnt, geliebt und
auch sicher.
Wie kann ich es schaffen, Irrwege möglichst zu vermeiden, meine Sucht-
tendenzen zu erkennen – maßvoll, nüchtern, liebevoll und lebensfroh zu
bleiben, in diesem Dickicht von Anforderungen, Bedürfnissen, Verführun-
gen immer wieder meine Mitte zu finden?
Die allerwichtigste Voraussetzung scheint mir eine unvoreingenommene
Neugier für den anderen Menschen zu sein – ein leidenschaftliches parti-
zipierendes Interesse.
„Everybody's life is worth a Novel" nennt Erving Polster eines seiner
Bücher. Und gute Beschreibungen in einem Roman, die Ausgestaltung einer Geschichte, die Vernetzungen und Entwicklungen in einem Leben, das
Scheitern und die Lösungen haben mich immer schon fasziniert. Ich stau-
ne immer wieder über das Menschliche – bin immer wieder betroffen davon. Menschen erzählen mir, begegnen mir, finden Resonanz in mir, ich
schwinge mit in Angst, Schmerz, Freude, Erotik, Zorn, Zärtlichkeit. Wir
erleben Unterschiede, freuen uns, verstehen uns, erkennen uns und wis-

sen, daß wir verschieden sind; streiten, nehmen Abschied, verlieben uns, sind unglücklich, finden uns wieder. Wir teilen viele Bilder, Erfahrungen, unsere Energien vermischen und trennen sich – ein Tanz, der, je mehr ich übe, immer feiner, subtiler und reicher werden kann.

Es ist diese Freude an den tanzenden, farbigen und vielfältigen Begegnungen in meinem Leben, die zugleich auch die wichtigste Voraussetzung für meine Arbeit ist. Und ich lasse mich gerne ein, lasse mich manchmal überwältigen, manchmal langweilen, möglichst nicht manipulieren und lerne dabei viel und immer wieder neu etwas über meine Wirkung. Ich möchte grundsätzlich nicht, daß mich irgendein therapeutisches System in meiner Wahrnehmung einengt und behindert.

Wichtig ist mir: „Ich gehe nur auf Wegen, die Herz haben", wie Don Juan sagt.

Ein zweiter wichtiger Punkt ist das, was ich Meditation nennen möchte. Ich brauche immer wieder Zentrierung, Nüchternheit, Zeit, Muße, mich selbst zu spüren, ohne Rollen, schlicht und konzentriert auf die zentralen und wesentlichen Dinge in meinem Leben. Ein bescheidenes Beschränken, sodaß in mir Harmonie und Gleichgewicht entstehen kann und ein Vertrauen auf das Lassenkönnen.

R. D. Laing formuliert es einmal sehr schön: „Wirklich geistige Gesundheit beinhaltet auf die eine oder andere Weise die Auflösung des normalen Ego, jenem falschen Selbst, das so vollkommen an unsere entfremdete Wirklichkeit angepaßt ist; sie ist das Auftauchen der inneren archetypischen Mittler der göttlichen Kraft – und durch den Tod eine Wiedergeburt wie die schließliche Wiedereinsetzung einer neuen Art von Ego-Funktion, wobei das Ego nun der Diener des Göttlichen ist, nicht mehr dessen Verräter." Ich nehme an, Fritz Perls meinte das gleiche, als er schrieb: „Sterben und wiedergeboren werden ist nicht leicht."

Der psychotherapeutische Weg ist auch ein spiritueller Weg, wenn wir uns eingestehen, daß wir nur wirklich heilend wirken können, wenn wir Vertrauen haben in das Ganze, in den tiefen verborgenen Sinn des Zusammenwirkens aller Energien.

Mir ist auf meinem Weg Avalokiteshvara begegnet, der Buddha des Mitgefühls im tibetischen Buddhismus, der heiter Lächelnde, der mit klarem Auge Sehende, der auch der kostbare, wunscherfüllende Edelstein genannt wird. Ein schönes Bild, wenn ich es wirken lasse. Denn ist Heilung nicht letztlich Wunscherfüllung?

Um nun wieder zurückzukommen in diese Welt der Berufe, der Rollen, der Arbeit und des Geldverdienens: Ich bemühe mich, eine gute Hand-

werkerin zu sein – anders zwar als ein Bildhauer oder Tischler, aber mit
dem gleichen Anspruch an Kompetenz und Know-how: Erfahrung mit
vielfältigen Problemkreisen im Berufsfeld, Mut, sich auch schwierigen
Patienten, Randgruppen auszusetzen, durch Fehler zu lernen und durch einen andauernden Bewußtseinsprozeß Strukturen und Situationen immer
leichter und schneller zu erfassen und zu diagnostizieren. Einschätzen lernen, was mein Gegenüber wirklich braucht, Unterstützung oder Konfrontation, längerfristige, liebevolle, vorsichtige Betreuung oder im Hier und
Jetzt gefordert werden, oder vielleicht nur die Möglichkeit, einmal seine
Geschichte zu erzählen und einen interessierten und absorbierten Zuhörer
zu haben, oder „ent-täuscht" zu werden. Die Wahrnehmung trainieren,
Widersprüchlichkeiten hören, sehen, spüren, eigenen Phantasien trauen,
sie selektiv mitteilen, authentisch sein und doch Interventionsmöglichkei-
ten abwägen und beurteilen lernen; beschreiben lernen, was ich tue, mein
Vorgehen mitteilbar machen. Und dabei wissen, daß es immer einen Rest
gibt, der nicht zu erklären ist, und daß ich es lassen kann. Theoretische Reflexion hat hier ihren Platz – immer auch im Bewußtsein der Vorläufigkeit
aller Konzepte und der Subjektivität aller Wahrnehmung.
Wenn ich Gestalttherapie lehre, dann geht es mir darum, einen partizipie-
renden, sinnlichen Bewußtwerdungsprozeß in Gang zu setzen, gesteuert
von einem Sinn für das rechte Maß, von Aufrichtigkeit, Ernsthaftigkeit,
Klarheit und Humor. Und ich bin davon überzeugt, daß nur ein lebendiger,
offener und beweglicher Therapeut mit einem Talent für Lebensfreude
wirklich heilsam sein kann. Versuchen wir also, uns selbst liebevoll anzunehmen, unvollkommen und begrenzt, wie wir sind.
Ein junger Mann, der in einem Kurs einen Marmorstein bearbeitet hatte,
schrieb danach: „Jetzt steht mein Marmor vor meinem Bett und schaut
mich unvollendet an. Ich kann das gut ertragen, weil ich weiß, wieviel
Mühe schon drinsteckt."

Richard Picker

Psychotherapie und christlicher Weg

Richard, seit fast vierzig Jahren arbeitest Du mit Menschen. Du warst Pädagoge, Priester, Seelsorger und bist nun seit fünfundzwanzig Jahren Psychotherapeut, zuerst als Psychoanalytiker und schließlich als Gestalttherapeut. Steckt da eine innere Linie drin?

Ja, wenn ich das im Rückspiegel betrachte, so steckt da natürlich was drinnen. Und es ist, wie bei so vielen Menschen, auch anders gekommen, als es eigentlich vorgesehen war. Anders als meine Lebensplanung war und auch anders, als meine Familie gedacht hatte. Es ist überhaupt anders gekommen. Aber es ergibt sich eine Art Logik und die fängt schon früher an. Meine Wurzeln sind einesteils sozialdemokratische Wiener Großeltern und anderenteils christlich-soziale. Und dann natürlich dieses Wien, die Hitlerzeit, in der ich Napola-Schüler war. Also eine kindliche Kenntnis der faschistischen Welt, wenn man so will. Anschließend der Bruch damit, das Jahr 1945.

Damals, in der Gymnasialzeit, habe ich alleine, für mich, einen Weg zum Glauben gefunden. Das hat dazu geführt, daß ich dann versucht habe, Priester zu werden, was ausgesprochen schwierig war. Ich bin da erstmals mit dem Vereinskatholizismus in Kontakt gekommen und später dann mit der deutschen Jugendbewegung. Und zwar mit dem Bund Neuland, also einer Bewegung mit einem starken pädagogischen Impetus. Diese war damals, Anfang der fünfziger Jahre, natürlich nur ein Epiphänomen, ihre große Zeit war längst vorbei. Aber es war stark genug, um mich nachhaltig zu beeindrucken mit den Visionen dieser pädagogisch-reformerischen Bewegung.

Da war natürlich immer Arbeit mit Menschen dabei, und zwar wie von selbst. Man kann natürlich sagen, das ist die Position, die ich schon in meiner Familie innehatte. Ich war eben der Älteste zu Hause, das stimmt schon. Es hat sich in der Arbeit eben so ergeben, das stimmt ebenfalls. Diese Arbeit, vor allem jene mit Jugendgruppen, die ich als Seelsorger betreut habe, ist mir dann sogar über den Kopf gewachsen. Ich habe nach zwanzig Jahren ernstlich Erholung benötigt.

Die Priesterweihe mit achtundzwanzig Jahren war vermutlich ein erster Gipfelpunkt.

Das war ein Gipfelpunkt, ja, und es war ein hart erkämpfter Punkt, weil außer mir niemand dafür war. Von meiner Familie war niemand dafür und auch die Kirche war nur mäßig glücklich über mich, weil ich ja keine katholische Sozialisation hatte. Ich war ja aus einem nationalen, einem aus der Kirche ausgetretenen Elternhaus, also habe ich des katholischen Stallgeruches entbehrt. Das hat mir nicht geringe Schwierigkeiten gemacht. Aber natürlich habe ich Freunde gehabt und habe mich auch mit Menschen gut verstanden. Dennoch war es insgesamt sehr schwierig.

Wirklichen Auftrieb hat mir dann das Zweite Vatikanische Konzil gegeben. Das war nämlich die Richtung, die ich vertreten hatte, und somit eine Bestätigung für mich persönlich. Das hat mich sehr, sehr gefreut, und die Konzilszeit war für mich eine große Zeit. Ich war gerne Seelsorger und sehr engagiert. So war es, was die Theologie anlangt, eine ganz gute Zeit für mich. Ich habe auch sehr gute Freunde gehabt, ältere wie jüngere. Die Katholische Fakultät lag damals, im Vergleich zu heute, darnieder. Wir haben also quasi unter der Bank studiert, wie eine Gruppe loyaler Widerstandskämpfer. Mit der Konzilszeit ist das alles anders geworden, urplötzlich war alles mehr oder wenig richtig, wofür wir zuerst scheel beäugt worden sind. Es war ein starkes Erlebnis, ganz wunderbar, das zu sehen! Nur war für mich neben dem theologischen auch ein persönliches Problem zu lösen, ein „workaholisches" Problem. Ich hatte mich übernommen, noch und noch gearbeitet und bin wie eine Rakete abgebrannt. Völlig erschöpft hatte ich mich. Das war vor allem mein Problem, nicht ein Kirchenproblem. Das zweite war, daß ich nicht ehelos leben konnte, obwohl ich es eigentlich versprochen hatte. Ich bin also kurzerhand psychisch eingegangen. Das war vorerst einmal das Ende dieser Phase, ein jähes Ende nach sieben Jahren. So ging ich mangels einer Alternative in Psychoanalyse. Ich habe damals von ihr nichts verstanden, hatte aber wirklich keine Wahl. Ich mußte Hilfe in Anspruch nehmen.

Du gingst als Patient in Psychoanalyse, ohne daran zu denken, diesen Beruf zu wählen?

Ich ging als Patient, genauso wie jeder andere. An psychoanalytische Ausbildung habe ich überhaupt nicht gedacht. Ich wollte eher in der Erwachsenenbildung tätig sein. Aber es hat mich sehr beeindruckt, daß ich in drei

Monaten mehr oder weniger wieder arbeitsfähig war. Vor allem konnte ich wieder schlafen und habe meine Balance schließlich auch wieder gefunden. In der Folge sind alle beruflichen Versuche, jetzt als verheirateter Priester, zum Teil torpediert worden, zum Teil gar nicht zustande gekommen. So bin ich schließlich doch bei der Psychotherapie geblieben, aber mit großer Vorsicht und mit großem Widerstand, denn ich wollte zuerst überhaupt nicht Psychotherapeut werden.

Zunächst war die Psychoanalyse ein Heilvorgang für mich und war nicht als Ausbildung gedacht. Das kam erst nach eineinhalb Jahren, wohl auch deswegen, weil ich genau gesehen habe, wie es mich fasziniert hat. Es hat mich unglaublich fasziniert, und ich habe große Hoffnungen in die Psychoanalyse gesetzt. Ich habe mich natürlich hineinvertieft und mich in dieser Zeit von der Theologie verabschiedet. Verabschiedet in dem Sinne, daß ich jetzt wirklich einen zweiten Beruf aufbauen wollte, und daß man mich nicht deswegen schätzen solle, weil ich einmal Seelsorger oder Studentenseelsorger oder Professor an der Pädagogischen Akademie war. Sondern eben weil ich ein Psychoanalytiker bin. Ich habe also darüber geschwiegen und versucht, noch einmal von der Pike auf, wie man so sagt, anzufangen. Von Seiten der psychoanalytischen Ausbildner wollte man das von mir auch so haben, mit Recht natürlich. Ich habe keinerlei Privilegien genossen, und das war völlig in Ordnung. Das war dann eine Periode von etwa zehn Jahren, von 1972 an, wo ich in der Gruppendynamik, Psychoanalyse und auch in der Gestalttherapie sehr tätig war. Da war ich ein verschwiegener Theologe. Ich bin nicht ausgetreten aus der Kirche, ich war aber auch nicht dort.

Wie kam es nun, daß die liegengelassene Theologie von Dir wieder aufgegriffen wurde?

Ich habe immer mit Patienten gearbeitet. Zwar habe ich auch viele Therapeuten ausgebildet, aber nie ausschließlich. Und es waren die Patienten, die mich wieder auf die Theologie gebracht haben, und nicht die Literatur. Innerhalb von vier bis fünf Jahren habe ich das Gefühl gehabt, daß ich an den Grenzen der Psychotherapie ankomme. Nicht in dem Sinne, daß ich technisch schon alles gekonnt oder schon genug Erfahrung gehabt hätte, aber man sieht ja selbst, wo man anstößt.

Damals haben immer wieder Leute zu mir gesagt: „Wir sagen Ihnen das ja nur, weil Sie einmal ein Pfarrer waren. Wenn Sie ein Psychologe wären, würden wir Ihnen das gar nicht sagen." Das war zuerst überraschend und heiter. Ich habe nämlich umgekehrt gedacht, daß ich mich dafür entschuldigen müßte, daß ich kein Psychologe bin, sondern bloß ein Psychoanalytiker und Theologe. Die Leute, die das gesagt haben, waren gewöhnliche VOEST-Arbeiter zum Beispiel; ich habe zu der Zeit in Linz gearbeitet. Diese Erfahrung hat mich nicht mehr losgelassen. In der Zeit kam auch die Sterbeforschung, die Thanatologie, auf, die mich ebenfalls wieder an Früheres erinnern ließ.

Dann begann die Auseinandersetzung um eine Psychotherapiegesetzgebung. Die Psychotherapie galt ja, vom Ärztegesetz her, als Scharlatanerie. Meine Frau Christl und ich, wir haben uns auch die Grauzone zur Scharlatanerie angeschaut; New-Age-Leute, ohne anständige Ausbildung sozusagen; wir sind auf die Philippinen zu Geistheilern gefahren usw. Alles etwas skurril und doch sehr, sehr wichtig für mich, ob man es nun positiv oder negativ werten will.

Gerade diese Erfahrungen, auch mit dieser Grauzone, haben mich dann endgültig dazu gebracht, die Wurzeln, die spirituellen Wurzeln dort zu suchen, wo ich etwas davon verstanden habe, und nicht dort, wo ich nichts davon verstehe. Ich habe auch buddhistische und schamanistische Seminare besucht. Überall habe ich wirklich etwas gewonnen, das möchte ich betonen. Ich bin aber schließlich doch, wenn man schon von Spiritualität reden will, auf meinen eigenen Boden zurückverwiesen worden. Das Folgende sagen natürlich viele Leute, die älter werden, und ich sag' es ebenso: Ich möchte nichts von dem wirklich missen. Nichts von diesem Auseinanderliegenden. Man muß sich den Unterschied verdeutlichen: Wenn einer irgendwo in einer Wiener Wohnung sitzt und jemanden massiert oder magnetischerweise die Ferse streichelt und gewöhnliche Schnapskarten aufschlägt, und mit Steinen wilde Voraussagen macht, und andererseits als Psychotherapeut mit Stempel und Unterschrift in der Praxis sitzt: Das ist weit auseinander.

Dieses weit auseinander Liegende erzeugt ja eine große innere Spannung.

Ja, es hat mich mit großer innerer Spannung erfüllt. Es war auch eine Art von Herausforderung, und es lag auch Stolz drinnen. Ich wollte einfach möglichst viel können und habe mir immer so gedacht: Ich sitze in meiner Praxis, in keiner Institution, sondern sozusagen mit aufgehaltener Hand vom Patienten mein Geld bekommend, ähnlich wie ein Friseur. Ein ganz direkter Vorgang ist das: hier die Leistung – hier das Geld. Mir schien das gut so, daß die Arbeitsweise in der freien Praxis eine ist, wo man dem Patienten gegenübersitzt, ohne Sekretärin oder Institution dazwischen. Wo es davon abhängt, ob man mit den Leuten respektvoll umgeht, man offen ist, wo auch transparent ist, was passiert.

So war es von Anfang an mein Bestreben, möglichst niemand fortschicken zu müssen. Das ist auch bis heute so. Wenn es heute öfter heißt, in diesen oder jenen Fällen muß man an einen spezialisierten Kollegen überweisen, so habe ich doch den Eindruck: Ein Psychotherapeut muß überweisen können, aber nicht gleich von vornherein überweisen. Von vornherein muß er eigentlich mit möglichst vielen Menschen arbeiten können. Und so habe ich auch Psychodrama, Familientherapie, Körpertherapie – viel Körpertherapie –, Psychoanalyse und Gestalttherapie gemacht. Die Gestalttherapie hat dann langsam mich und mein berufliches Feld erobert.

Es war also und blieb bis heute eine große Spannung. Diese Spannung liegt aber auch im menschlichen Leben. Denn die Patienten, die zu uns kommen, sind selber gespannt zwischen vielen Polen ihrer Existenz. Da ist es doch fast läppisch, wenn wir als Therapeuten enger gespannt wären als unsere Patienten.

Bist Du immer auch Seelsorger geblieben?

Das Wort Seelsorger ist wegen des Wortes Seele durcheinandergeraten, und man müßte vielleicht sagen: Menschensorger. Diese Sorge war aber auch mein Schicksal. Nachdem in der Familie mein Vater im Krieg vermißt und ich eben der Älteste war, so ist da viel auf mich gefallen. Meine beiden Geschwister und meine Mutter, die dann allein war, das machte ja alles schwierig in der Kriegs- und Nachkriegszeit. Da war es selbstverständlich, daß ich meine Mutter unterstützte, so gut das eben ein Zwölf- und Vierzehnjähriger kann. Und ebenso selbstverständlich waren meine beiden jüngeren Geschwister zu einem Gutteil meine Sache.

Diese Sorge um andere hat, mehr oder weniger, eigentlich nie aufgehört. Nun kann man natürlich sagen, das ist ja nicht gerade toll. Man kann es kritisch als Skript sehen. Ich kann es vorsichtig betrachten und fragen, was denn mit den anderen Dimensionen der Wirklichkeit sei. Da muß ich jedoch sagen, daß ich ganz großes Glück gehabt habe, weil ich wiederholt auf Menschen getroffen bin, Menschen kennenlernen durfte, konnte und auch wollte, von denen ich unglaublich viel bezogen habe; persönlich bezogen an Öffnung und Weite, wie zum Beispiel von Dr. Hubert Lendl, meinem Onkel. Der war ein großer Erwachsenenbildner seinerzeit in der Steiermark. Dort war ich auf vielen Tagungen mit ihm und habe seine Arbeit als grandios empfunden. Allein über die Aspekte, die ich durch ihn kennengelernt habe, könnte ich viel erzählen.

Dann habe ich natürlich in der Seelsorge viel gelernt und viele kennengelernt; vielleicht auch durch die konflikthafte Reibung mit dem Traditionskatholizismus (der österreichische ist ja sehr eng!). Es genügte nicht, daß ich mich aufgeregt habe; ich mußte auch begründen können, also mußte ich lesen, mußte mit Leuten reden, mußte studieren. Ich war in dem Kreis um Otto Mauer und Ferdinand Klostermann und Paul Strobl in der Katholischen Hochschuljugend und im ökumenischen Arbeitskreis. Ich habe Romano Guardini, Karl Rahner, Hans Urs von Balthasar und viele andere kennengelernt. Nicht daß ich die Leute so persönlich gekannt hätte, aber es war meine Welt. Auch Paul Claudel oder Friedrich Heer, das war alles ganz selbstverständlich, darin habe ich mich bewegt. Dann meine Freunde aus jener Zeit: Arnold Dolezal, Augustinus Wucherer, Helmut Blasche, Gerhard Schwarz, Walther Derschmid und Bert Hellinger, von dem ich viel gelernt habe.

Das alles betrachte ich heute als ganz großes Glück. Immerhin hätte ich mich auch vergammeln können.

Wenn Du die Welt beschreibst, in der Du Dich bewegt hast, drängt sich die Frage auf, warum Du nicht eine akademische Laufbahn eingeschlagen hast.

Die habe ich ja mit Gewalt versucht, unbedingt wollte ich die akademische Laufbahn. Sie ist mir aber mißglückt. Der damalige Kardinal von Wien, Kardinal König, hat mich anrufen lassen, es gebe eine freie Assistentenstelle: Mein Freund Helmut und ich, wir sollten uns das untereinander ausmachen. Mein Freund hatte kein Doktorat, ich hingegen schon, und so hat er den Assistentenposten genommen, damit er eben sein Doktorat machen kann.

Ich habe dann später in meiner Therapieausbildung und in der Eigenanalyse Bilanz gezogen und habe mir mit Unterstützung meiner Ausbildner klargemacht, was überhaupt meine Möglichkeiten sind. Real hat das geheißen: Du hast eine Familie, du hast eine Frau und zwei Kinder, du mußt Geld verdienen, und was du hauptsächlich kannst, ist: Erfahrungen auswerten. Ich konnte weder soviel lesen wie jemand an der Uni, noch oft auf Tagungen fahren (als Freiberufler geht das nicht so ohne weiteres). Zudem hatte ich mit sechsunddreißig Jahren völlig neu begonnen, hatte anfangs nicht einmal eine ordentliche Wohnung.

So wurde ich immer wieder gefragt: Was kannst du aus der Situation machen? Das war eine goldene Frage. Ich konnte mir genau überlegen, was mir die Leute erzählen, was das bedeutet, was das mit mir macht, was meine eigenen Erfahrungen sind und was ich schon alles erfahren habe. Dadurch bin ich auf den unglaublichen Reichtum des sogenannten alltäglichen Lebens gestoßen. Da steckt ja viel drinnen, wenn man es als wertvoll erachtet. Das also habe ich versucht und fühlte und fühle mich reich, bereichert, beschenkt und angeregt von Menschen. Diese erzählen mir ja unglaublich viel. Dieser Punkt hat mich an Gestalttherapie, an der erfahrungszentrierten Psychotherapie überhaupt, immer fasziniert: das Ausnützen des wirklich Gegebenen, nicht das ewige Starren auf Verluste, auf Vergangenes etc.

Zum Beispiel bin ich sicher niemand, der Universitätsbibliotheken stundenlang frequentieren kann. Ich habe weder Geld noch die Lebensumstände dazu. Sehr wohl kann ich mir überlegen: Wie ist die Situation eines Arztes, wenn ich das alles ernst nehme, was mir Ärzte erzählen; was ist dann mit der Medizin; wie ist die gesellschaftliche Lage, wie ist das in den Institutionen. Das ist eine wunderbare Möglichkeit, die allerdings viele Menschen haben, vielleicht sogar alle.

Dieser Weg des Nutzens der Erfahrungen scheint ein schlichter, aber um so schwieriger zu sein.

Das kann ich nicht wirklich beurteilen. Gefühlsmäßig halte ich ihn für den normalen Weg, der jedem offensteht. Von Kollegen wurde ich jedoch oft korrigiert. Sie meinten, ich sei viel zu optimistisch, die Leute seien nicht so. Wer aber war denn ich? Ein normal begabter Mensch, der nur wenige Punkte wirklich ernst genommen hat, auf die er verwiesen wurde, und dabei darauf gekommen ist, daß es wunderbar ist, wenn man das tut. Ich habe nur den Reichtum meines Alltages wahrzunehmen und anzunehmen gelernt. Das aber ist eine große Möglichkeit.

Um Alltagserfahrungen theoretisch nutzen zu können, bedarf es eines Wissensschlüssels.

Es gibt für mich ein paar Schlüssel. Einer ist komischerweise die klassische Musik. Ich habe immer die klassische Musik geliebt, kannte sie aber nur in kleinen Ausschnitten. Ich hatte ja gar nicht die Zeit und konnte nicht oft die Oper besuchen, das war eine Geldfrage, aber immerhin habe ich so im großen und ganzen das klassische Repertoire der Wiener Philharmoniker gekannt, was die eben so spielen. Das hängt auch ein wenig mit meiner Familie zusammen. Das war etwas, das ich immer wieder meditiert habe, wirklich meditiert habe, die großen maßgebenden Werke, wie zum Beispiel die g-Moll-Symphonie von Mozart und ähnliche Werke. Meditiert als Prozeßverlauf: Wie entwickelt sich ein Thema, was geschieht mit dem Thema, was löst diese Musik eigentlich aus, was vermittelt mir das eigentlich, was ist das Phänomen dieses Geschehens? Ich habe mich auch sehr mit Dirigenten beschäftigt, weil ich mir vorgestellt habe, daß psychotherapeutische Arbeit und das Realisieren einer inneren Gestalt, die in dem Patienten liegt, nicht so unähnlich dem Tun eines Dirigenten ist, der mit Musikern zusammen die innere Gestalt eines Notenbildes, das vor ihm liegt, realisiert. Der Dirigent macht nichts Eigenes in dem Sinn, daß ihm was Tolles einfällt, aber er ist sehr gehorsam dem Phänomen, das vor ihm am Pult liegt. Das zu realisieren, das ist seine Sache. Und so komme ich mir als Therapeut ja ganz ähnlich vor. Da spielt alles eine Rolle: die Entwicklung einer Gestalt, der Schluß einer Gestalt, die Prägnanz einer Gestalt. Das ist also ein Schlüssel. Da habe ich sehr viel gelernt. Ähnlich ist es ja mit der Literatur.

Du erwähnst Musik und Literatur, also die Kunst. Was ist nun mit der Medizin?

Die Medizin hat sich derart einzelwissenschaftlich segmentiert, daß das leider nicht mehr zu vergleichen ist. Da besteht ein unglaublicher Unterschied, denn die Medizin vertraut heute auf statistische Gewißheit und die Zusammenfassung computerisierbarer Ergebnisse, und nicht mehr auf ärztliche Evidenz. Natürlich gibt es dafür auch Begründungen und auch dafür, was man Apparatemedizin nennt.
Um diesen Unterschied an einem Beispiel zu zeigen: Von einer Patientin ist der Vater gestorben. Kurz vor seinem Tod war die Familie im Spital. Zu dem Zeitpunkt waren die Ärzte ganz angetan von den Meßwerten, die sich gegenüber dem Vortag verbessert hatten. Die Frau und ihre Familie haben hingegen gesehen, daß der Vater stirbt. „Herr Primar, der Vater stirbt!" Der hat darauf nur „ja, ja" gesagt und die Werte mit den umstehenden Ärzten besprochen. Erst beim dritten Mal konnte die Familie ihm klarmachen: Es mag sein, daß diese und jene Werte nach ärztlichem Standpunkt besser geworden sind, aber summa summarum stirbt hier ein Mensch. Das war die Situation und nicht, daß der Harnwert besser war als am Vortag. Was für

eine Mühe, da durchzukommen und den Primar dafür zu gewinnen, entschieden schmerzstillende Maßnahmen zu setzen und der Familie ein Einzelzimmer zu geben! Der Primar war dann sehr verständnisvoll und entgegenkommend.

Diese Familie erlebte also eine Mauer, die sie erst durchstoßen mußte. Psychotherapeutisch wäre es genau umgekehrt. Man hätte gesehen, was die Situation ist, was in dieser Situation prägnant ist, was der springende Punkt ist, und hätte gesehen, daß hier ein Mensch stirbt. Das wäre ein klarer Eindruck gewesen. Jetzt hätte man sich fragen können, ob es medizinisch noch eine Chance gibt. Das kann und muß man natürlich unbedingt abklären, das ist ja selbstverständlich. Aber unser Grundblickwinkel ist ein ganzheitlicher, einer, der nicht an irgendwelchen Tabellenwerten orientiert ist. Letzterer ist nur die feinste Vereinzelung einer Vereinzelung.

Ist die Psychotherapie dadurch in der Versuchung einer Erhabenheit gegenüber der Medizin?

Die Gefahren sind, daß man denkt, alles sei psychisch, und daß dieser Satz das Physische hinwegfegt. Das wäre naiv, denn so addiert sich die Welt nicht: hier das Psychische, dort das Physische. Leider hat es die Medizin zuerst so gesehen. Wenn man sich die Geschichte der Durchsetzung der psychosomatischen Medizin innerhalb der sogenannten Schulmedizin verdeutlicht, dann sieht man, daß das heute noch sehr schwierig ist.

So hatte Freud immer Vorbehalte gegen die Schulmedizin, genau aus diesem Grund. Er hat gedacht, sie wird ihm die Psychoanalyse ruinieren. Da hatte er natürlich auch recht gehabt. Denn die Medizin hat schließlich Sprachfetzen psychoanalytischen Verstehens in ihre übliche psychiatrische Fachsprache hineinverarbeitet, ohne zu bedenken, was „psychoanalytisch" überhaupt bedeutet. Begriffe wie zum Beispiel Narzißmus und Mutterproblematik kann man heute überall antreffen, aber ohne jedes Verständnis dafür, wo sie hingehören, und was mit diesen überhaupt nicht gemeint ist.

Was ist zum Beispiel eine Objektbeziehung? Darüber können viele gut „quatschen", aber was sagt dieses Wort eigentlich aus? Ganz zu schweigen von Ödipus und ähnlichen Phänomenen. Für die Gründergeneration der Psychoanalyse waren das erschütternde Erfahrungen und Entdeckungen. Heute ist es oft ein small talk zwischen zwei Zigaretten. Freud hat in seiner Genialität diese Entwicklung vorausgesehen und recht behalten. Das gibt uns dennoch nicht die geringste Veranlassung, auf Ärzte oder auf

die ärztliche Mühe mit Verachtung herabzublicken. Eine große Berufs-
gruppe, organisiert in der Ärztekammer, erleidet hier ein Schicksal und
trägt auch mit dieser Mühe etwas bei. Die Psychotherapie ist in keiner er-
habenen Position, vielmehr in einer, die zu diesem Geschehen die kritischen Fragen stellen muß.

*Nun kommen die meisten Psychotherapeuten von der Psychologie und
Medizin. Psychologen und Mediziner üben sich notwendigerweise in eine
andere Art von Schauen ein als Theologen oder Philosophen.*

Ja, das kann sein. Das ist, wenn man so will, auch eine strukturelle
Schwäche meiner Person. Nur glaube ich, hier gar keine andere Möglichkeit zu haben. Wenn ich etwas sehe, wenn mir ein Phänomen evident ist,
dann bin ich bei diesem Phänomen. Das beeindruckt mich dann, so daß
rechts und links davon für mich nichts mehr so wichtig ist. Hierzu möchte ich eine Anekdote über den Lehrer Karajans erzählen. Er wurde einmal
gefragt: „Wie schnell spielt man Beethoven-Symphonien?" Er hat darauf
geantwortet: „Das ist ganz einfach. Kommen Sie in mein nächstes Konzert, dort hören Sie das richtige Tempo."
Das heißt, daß der Weg der Heilung, der menschlichen Heilung, nur ein
subjektiver sein kann, weil der Mensch gänzlich in der Subjektivität steht.
So ist die therapeutische Logik eben das Eingehen auf den Klienten, d. h.
höchste Subjektivität. Dieser entscheidende Punkt, diese wirkliche subjektive Kontaktnahme ist deckungsgleich mit dem spirituellen christlichen Weg. Der spirituelle christliche Weg sagt, wenn man die Person
Christi, die Rolle Jesu nimmt: Ein einzelner Mensch mit seiner ganzen
Subjektivität ist der entscheidendste objektive Punkt, den es überhaupt
gibt. Das ist ein Grundparadigma der christlichen Spiritualität.
Diese Deckungsgleichheit ist nicht die Anwendung von theoretisch Stu-
diertem auf die Praxis. Umgekehrt ist mir im Zuge der therapeutischen Arbeit aufgefallen, daß diese eine Perspektive hat, die ich schon einmal studiert habe. Das war ja das Merkwürdige. Also habe ich dann in der Theologie nachgelesen.
Was kann einer nun tun? Es gibt philosophische Systeme, die einer medi-
tieren kann, etwa Platon, Plotin oder Hegel, auch Marx. Das sind große
systematische Gebilde, die jemanden weiterführen können, wenn er sie
meditiert. Es gab und gibt auch strukturalistische Möglichkeiten, den Kosmos zu begreifen. Der christliche Weg nun ist das Bedenken einer Geschichte, der Weltgeschichte als Heilsgeschichte, mit den Unterszenen der

persönlichen Geschichten. Das ist ein der psychotherapeutischen Arbeitsweise völlig kohärentes Denken. Gott ist nicht oben und nicht unten, nicht links und nicht rechts, sondern im Weg drinnen, den die Menschen gehen. Das ist eigentlich der springende christliche Punkt, der Punkt der Unterscheidung.

Es geht hier nicht um eine Abwertung all der anderen Bemühungen. Es geht um die Nähe zum psychotherapeutischen Denken. Unsere Arbeitsweise ist ja prozeßorientiert. Deshalb sind uns zyklische oder ähnliche Vorstellungen von Zeit und Geschehen ferner. Näher sind uns dramatische Vorstellungen, das heißt: Eins folgt aufs andere, aber was sich ereignen wird, wissen wir noch nicht.

Wenn sich jemand hinsetzt und sagt, wie Pythagoras angeblich gesagt haben soll: „Ich weiß das ganz genau, in zweihunderttausend Jahren werde ich am selben Fleck mit euch wieder stehen, mit meinem Stab in der Hand und euch lehren", so ist das ehrenwert und schön, es rührt mich auch, ist aber eigentlich eine Frechheit. Pythagoras konnte nicht wissen, was in zweihunderttausend Jahren ist, konnte nicht wissen, was mit ihm ist, und was mit dem Stab und den Schülern ist, noch viel weniger.

Als Therapeut bin ich mit den Patienten in der genau derselben Lage. Ich weiß nicht, was morgen sein wird, und mein Patient weiß es auch nicht. Wenn er depressiv ist und sagt, es könne nicht besser werden in seinem Leben, dann sage ich ihm: Das glauben Sie, und ich kann das wirklich verstehen, mir kommt das auch so vor. Nur wissen wir es nicht und deshalb arbeiten wir weiter.

Diese kleine Spalte der Offenheit ist die Chance der Psychotherapie, ist es immer schon gewesen. Was hat Freud, wie alle anderen großen therapeutischen Entwickler auch, sich an Kritik gefallen lassen müssen. Doch was haben sie eigentlich gemacht? Gegen allen Erweis der Unmöglichkeit immer diese kleine Öffnung im jeweiligen wissenschaftlichen Paradigma zu betonen und auszunützen, und zwar mit Erfolg.

In Seminaren bei meinen Lehrern – Igor Caruso, Raoul Schindler, Hildegund Heindl, Virginia Satir und Hilarion Petzold, denen ich viel verdanke – habe ich wiederholt die Situation erlebt: Ich dachte mir, da ist nichts zu machen, und auf einmal war doch etwas zu machen. Wie konnte das passieren, gegen alle Voraussage, gegen alle Statistik? Das ist die weltbildüberschreitende und weltbildrelativierende Kraft der Psychotherapie. Sie ist meiner Meinung nach ein spiritueller Vorgang. Man muß es nicht so nennen, man kann das auch schlicht wissenschaftlich beschreiben.

Was mich wirklich glücklich macht, ist, eines Phänomens ansichtig zu werden und das auch formulieren zu können. Das macht mich wirklich glücklich. Ob das nun trendgemäß wichtig ist oder unwichtig, ob das schon Hunderte geschrieben haben oder nicht, das weiß ich nicht. Es ist jedenfalls das, was ich zur Verfügung stellen kann.

Ich muß gestehen, und das sage ich mit Bedauern, daß ich vermutlich gelegentlich Ausbildungskandidaten, also angehende Therapeuten, überfordert habe. Ich bin immer mit Lust an die Grenzen marschiert, was mir auch den Ruf eines provokanten, harten Therapeuten eingetragen hat. Diese Lust an der Grenze ist tatsächlich eine Lust an der Existenz, daran, daß es etwas gibt; daß es Menschen gibt, daß es den Kosmos gibt, daß es all diese Gestaltungen auf dem Planeten gibt. Es ist eine Lust am Spüren der inneren Gestalten und an deren Unterstützen. Ein Spüren nicht nur per Trauerarbeit und familiärer Rekonstruktion, was sehr wichtig ist und worauf ein Schwerpunkt der gegenwärtigen Therapieszene liegt. Es gibt noch soviel mehr. Da gibt es Witz, Charme, Schönheit, überraschende Eindrücke, also alles das, was die Gestalttherapie suppositiv „nährend" nennt. Ich glaube, daß Menschen nicht nur aus der Befreiung von Tränen leben können, sondern daß auch dazugehört, daß sie mit der Schönheit des Daseins in Kontakt kommen, mit der Qualität an Güte, die in vielem ist. Man darf nicht nur in Berührung mit dem Schrecken kommen, sonst hält man ja den Schrecken überhaupt nicht aus, sondern ebenso mit der Flüssigkeit des Daseins. Es sind diese immer wieder stockenden technifizierten Lebensprozesse, die vielen Leuten solche Schwierigkeiten machen; diese fast schon gesellschaftlich verordneten Blockaden, in die man reinkommt und dann nicht mehr weiterkann. Das ist ein Punkt, der mich beschäftigt.

Ein weiterer mir wichtiger Punkt ist der: Was immer jemand über sich erzählt oder Experten schreiben, der Mensch ist offensichtlich doch ein Wahrheitswesen. Ein Wahrheitswesen im existentiellen Sinn, nicht im logischen. Nur bedingt und nur in Kleinigkeiten kann sich jemand von seiner eigenen inneren, existentiellen Wahrheit entfernen. Auf längere Zeit geht das offensichtlich nicht gut. Der Mensch wird auf die eine oder andere Weise krank. Das ist im Grund auch ein optimistischer Punkt. Mich hat es immer berührt, daß die je persönliche Lebenswahrheit eine solch evidente Bedeutung hat.

Die Maxime, man muß Patientinnen und Patienten dort abholen, wo sie sind, ist in Ordnung. Dieses sogenannte Abholen, der therapeutische Vorgang, das Setting, und die Bedingungen einer Therapie dürfen jedoch nicht noch mehr fragmentiert werden. Ich spreche gegen die folgende Idee: Es kommt jemand zu mir und sagt, er habe Migräne. Daraufhin schaue ich in einer Liste nach, suche einen Migränespezialisten, überweise ihn dorthin. Dann kommt er wieder zurück und sagt, jetzt habe er noch einen Waschzwang, darauf suche ich einen Spezialisten für Zwang, etc. Das darf nicht passieren.

Alles, was wissenschaftlich institutionalisiert ist, neigt auf Grund der gesellschaftlichen Rahmenbedingungen zu Fragmentierung. Das ist klar. Fragmentierte Behandlungsweisen kann eine Krankenkasse exakter abrechnen, ein Statistiker besser erfassen, etc.

Im übrigen bin ich auch ganz glücklich darüber, daß die fragmentarischen Heilweisen nicht einfach gar nichts gelten. Ich nehme ja ebenfalls ein Aspirin, ohne immer nachzudenken, was dabei nun eigentlich wirkt. Irgend etwas wird schon wirken, also schlucke ich ein Aspirin. Es bewährt sich großartig in einfachen Dingen. Und wenn ich zum Zahnarzt gehe, dann lasse ich mich eben örtlich betäuben. Das sind alles fragmentarische Vorgänge, das muß ich zugeben.

Dennoch bleibt das Fragmentieren ein Problem. Wenn mir ein Zahn gezogen wird, dann ist die Frage, wie ich mich dazu verhalte. Die Grundaussage philosophischer oder theologischer Art, die dahintersteckt, ist die: Jeder Mensch hat von Natur aus oder in dem Augenblick, in dem er lebt, ein Verhältnis zum Ganzen des Seins überhaupt. Er steht also nicht nur im Leben, sondern er steht der Gesamtheit des Lebens gegenüber. Das ist das eigentliche Problem. Wenn er nur im Leben stünde, könnte man problemlos fragmentieren. Was machen wir aber mit diesem zweiten Aspekt, daß wir nämlich der Ganzheit des Lebens gegenüberstehen?

Was ich hier erörtere, ist eigentlich das Kantsche ichsagende Ich, das Ich, das „ich" sagt. Dieses Ich ist es, das dem Gesamten gegenübersteht, und das kann natürlich krank werden. Das ist ein großes Problem. Die Psychoanalyse und alle großen therapeutischen Richtungen benennen das jeweils anders, wissen aber darum. Am leichtesten hat es die Methode des Psychodramas. Sie erfaßt das Eigentliche in Szenen, die man verschieden, auch mythisch, bezeichnen kann. Und der Mythos wußte eben darum.

Ein schönes Beispiel ist die „Zauberflöte": das ideale Paar, Tamino und Pamina, und das sozusagen im Leben stehende, dahinpurzelnde Paar Papageno und Papagena. Ich weiß nicht, was sich der Herr Schikaneder gedacht hat, aber auf jeden Fall hat er etwas zum Ausdruck gebracht, was so leicht auszudrücken ist, personifiziert auf der Bühne. Psychodrama eben.

Die Gestalttherapie könnte das genauso machen. Die Psychoanalyse hat es schon sehr viel schwieriger, weil sie diese plausible Anschaulichkeit nicht mehr hat und daher auch die Integration viel schwieriger ist. Irgendwie

aber formuliert es jede Therapierichtung, auch die Gesprächspsychothera-
pie, die sich vielleicht nur verstärkend oder gewähren lassend diesem
Aspekt nähert, in der Hoffnung, daß er sich durchsetzt. Ich bin jedenfalls
dafür, diesen Aspekt, daß wir dem Ganzen des Daseins gegenüberstehen,
zu benennen.

*Wenn wir dem Ganzen gegenüberstehen, so ist das eine recht ausgesetzte
Position. Wo und wie hier Halt suchen und finden? Das ist ja eine große
Frage in diesem Jahrhundert.*

Ja, das ist jetzt eine schwierige Frage. Man kann sie stellen, der Antwor-
tende muß aber die Altersperspektive bekanntgeben, aus der er antwortet.
Denn mein Eindruck ist der, daß man sehr viel Halt hat in dem, was
Erikson das Urvertrauen genannt hat und was seither unter diesem Begriff
oder als Grundvertrauen durch die Literatur geht. Nur die Ebenen, wo dieses Grundvertrauen sich einstellt, wechseln eben stark. Das kann die Mutter sein, eine Familie, ein Freundeskreis oder eine Landschaft, die man
Heimat nennt. Im Laufe eines Erwachsenenlebens, so habe ich den Eindruck gewonnen, wird die Sache immer unsicherer. Unter einem bebt die
Erde, irgendwo explodieren Vulkane, man ist sich nicht sicher, ob nicht
doch die Meteoriten einschlagen.
Das sind ja nur kleine Aspekte. Ich will ja gar nicht reden von atomaren
Katastrophen, von biologischer Kriegsführung oder davon, wenn das la-
bilste aller Gebilde, der gesellschaftliche Konsens, zerbricht. Die Schnel-
ligkeit des jugoslawischen Dramas oder des faschistisch-nationalsoziali-
stischen Dramas hat uns gezeigt, wie leicht das geschehen kann.
Ich glaube, dieser Planet ist schön und blau. Wir müssen ihn verantworten
und wissen nicht recht, wie wir das tun sollen. Wir müssen die Probleme
gemeinsam lösen und können sie fast nicht gemeinsam lösen. Das ist unser Dilemma heute. Und doch wissen wir ganz genau, wenn wir die Probleme nicht gemeinsam lösen, gehen wir alle zugrunde. Das vernichtet die
Art von Sicherheit oder Begründung, die wir gerne hätten.
Nun gibt es hier, glaube ich, nur zwei oder drei Antworten. Die oberfläch-
lichste ist die, daß man einfach – nach dem Motto: reden wir von etwas
anderem – so durch die Gegend lebt, etwa als Gesellschaftslady oder Ge-
sellschaftslöwe. Das würde die Psychotherapie seit eh und je Verdrängung
nennen. In diesem Fall kann man höchstens sagen: Viel Glück, und wenn
es jemand aushält, ist es gut. Was aber machen wir, wenn es jemand nicht
aushält und psychosomatisch krank wird? Dann wird es ernst.

Die zweite Antwort ist: Man ist aufrichtig agnostisch und steht zu dem, was man weiß und nicht weiß. Das ist somit auch in irgendeiner Form atheistisch. Das ist ein sehr karger, sehr wenig nährender, aber sehr konzentrierter, auf die faktische Wahrheit gerichteter Standpunkt. Ich habe vor diesem sehr, sehr viel Respekt. Dennoch steht dieser Standpunkt eigentlich nicht von selbst aufrecht. Ich habe die Vermutung, dieser Standpunkt hält, weil die Wahrheit hält. Dieses klare Zurkenntnisnehmen faktischer Wahrheit, das ist ja nicht nichts! Darüber kann man zwar locker sprechen, doch steckt da sehr viel drinnen.

Wenn zum Beispiel der alte Kreisky als Pensionist kurz vor seinem Ende gesagt hat: „Ich bin traurig, daß ich nicht mehr weiß, wie es in der Politik weitergeht", so ist das formal gesehen ein Satz, der wahr ist. Er würde demnächst sterben und wüßte nicht, wie es weitergeht. Wir wissen aber nicht, womit er in Kontakt kommt, wenn er diesen Satz wirklich mit seiner ganzen Person spricht, denn der ist ja gedeckt durch seine Lebenserfahrung und seine Umgebung. Daher glaube ich, daß jemand dort Halt finden kann, wenn er so einen Satz wirklich sagen kann. Denn wenn jemand in einer solchen Art von Wahrheit sich ansiedelt, dann passiert mit ihm etwas. So ein Satz, mit der ganzen Person gesprochen, steht ja auf keinem Papier, das der Wind verweht. Der steht eben in seiner Person.

Oder man geht, als dritte Möglichkeit, einen spirituellen Weg. Dieser muß aber mit derselben Konsequenz gegangen werden wie dieser agnostische Weg, sonst bleibt er eine Illusion. Meine Möglichkeit ist nun, daß ich den christlichen Weg gehe. Das ist jetzt sehr schwer zu verhandeln. Ich gehe den christlichen Weg, und mein Halt ist dieser: daß die Zukunft offen ist, daß aber – das sind natürlich biblische Sätze – jemand mir entgegenkommt in dieser Zukunft, nämlich der wiederkommende „kosmische" Jesus Christus. Und weiters, daß ich persönlich meinen Halt dort suche, wo ich glaube, daß Gott mich anspricht, also eigentlich in Gott. Das ist zwar kühn, es so zu sagen, es ist aber einer der zentralen Inhalte des christlichen Weges, auch der christlichen Anthropologie. Diese sieht den Menschen als einen Angesprochenen. Ich verweise hier auf Denker wie Romano Guardini, Gabriel Marcel, Martin Buber und Ferdinand Ebner, aber auch Boethius, Augustinus und Origenes. Da entsteht eine große Linie, die mich wirklich sehr berührt. Ich betrachte die so reiche europäische Tradition als Glück. Sie macht mich wirklich glücklich. Das ist keine Naivität. Gut genug glaube ich auch die spektakulären und grauslichen Abstürze dieser Tradition zu kennen. Dennoch habe ich zu ihr ein Verhältnis, das mich glücklich macht.

Die Männer und Frauen dieser großen Linie betrachte ich als meine Begleiter. Es sind keineswegs nur die Christen, das ist auch Nietzsche, das ist auch Hegel. Natürlich kann ich nicht den ganzen Tag lesen, aber es ist die Welt, aus der ich komme. Auch jemand wie etwa Kreisky ist mit mir ein Europäer. Der hat mit mir spirituell vielleicht gar nichts zu tun, er ist eher auf der Gegenposition. Das ist ja mit Freud, spirituell gesehen, ebenso. Aber was ist denn eine Gegenposition zu einer Position? Wie kann ich denn eine Position verstehen, ohne die Gegenposition zu spüren? Muß nicht jemand die Gegenposition leben, um überhaupt darauf zu kommen, was die Position ist? Das ist ja eine der Grundeinsichten von gruppendynamischen Prozessen. Allein, daß das überhaupt formulierbar geworden ist, daß man das überhaupt sehen kann, ist für mich Europa.
Soviel zu meinem Halt. Natürlich, man kann sich unglaublich täuschen über sich. Vielleicht ist es eine grandiose Illusion, in der ich mich bewege. Dennoch kann ich im Augenblick nicht anders.

Hat das eine Relevanz für Deine therapeutische Arbeit?

Das hat sogar eine große Relevanz. In dieser reichen europäischen Tradition zieht sich als Hauptlinie das Christliche durch, wie die Stimme in einer Fuge. Für die therapeutische Arbeit lasse ich mich – natürlich nicht in der Behandlungstechnik, aber in meiner eigenen Haltung dem Patienten und der Arbeit gegenüber – davon leiten und halte mich in den Inspirationsbereichen des christlichen Weges auf. Damit meine ich etwa die Gleichnisse Jesu, diesen Blick auf Menschen. Es heißt dort: Da blickte er ihn oder sie liebevoll an. Das sind ja ganz weitreichende, aufschließende Texte, die man nicht äußerlich nachmachen darf, aber von denen man sich innerlich weiterführen lassen kann.

Da leuchtet viel Christliches, Theologisches in die therapeutische Arbeit hinein. In die andere Richtung blickend sagt Adolf Holl, die Priester der Zukunft werden viel Psychologie und ein bißchen Theologie studieren.

Zuerst möchte ich sagen, daß die Psychologie dürr ist. Sie muß notwendigerweise dürr sein. Man braucht bloß die wissenschaftlichen Voraussetzungen der Psychologie als Wissenschaft anzuschauen, um das sehen zu können. Sie kann aufgrund der eigenen Voraussetzungen nur gewisse Segmente der Realität überhaupt beschreiben, und unter diesen Bedingungen ist sie wirklich schmal, verglichen mit der Theologie. Das gilt auch für

den Vergleich mit der Philosophie, also mit dem, was die europäische Geschichte an Einsicht, Erkenntnis und Weisheit gehabt hat. Die Psychologie
ist jedoch unser Schicksal und wir müssen da hindurch. Wissenschaftli-
ches Arbeiten, nach heutigen Paradigmen, ist Mühe, Anstrengung und ein
ehrlicher Beitrag. Das wissenschaftliche Arbeiten ist, um einen hane-
büchenen Vergleich zu ziehen, wie Geschirr abwaschen, Staubsaugen und
Einkaufen. Es muß getan werden. Welchen Stellenwert aber hat es?
Die Psychologie kann nicht beflügeln. Sie wird langweilig. Das rein Wissenschaftliche, das beobachte ich bei anderen Menschen ebenfalls, ist
zwar richtig, aber es beflügelt uns nicht. Der Kontakt mit einer größeren,
intensiveren, konkreteren Form von Realität beflügelt, hat etwas Nährendes, Inspirierendes an sich: Das suchen Menschen.

*Das Beflügeln ist dem Wissenschaftlichen suspekt. Gerade die Skepsis
schütze vor Irrtum und Täuschung.*

Aber von der Skepsis kann man nicht leben, niemand kann von der Skepsis leben. Es gibt diese wirklich bezeugte Anekdote von Ernst Bloch, dem
großen Philosophen und Atheisten, der um vier Uhr in der Früh, allerdings
nach einigen Gläsern Wein, seinem Freund gesagt hat: „Werde ich meine
verstorbene Frau wieder sehen? Ich glaube, ich werde sie wiedersehen."
Hier, um vier Uhr in der Früh, nach einem Viertel Wein, das ist der wirkliche Ernst Bloch, der konkrete und umfassende. Seine Bücher sind ein
Auszug von Ernst Bloch.
Nun zu dem, was Adolf Holl sagt. Ich glaube, daß es wirklich wichtig ist,
daß Priester und Seelsorger gründlich Psychotherapie machen, aber bitte
erfahrungszentrierte Psychotherapie. Gleichzeitig teile ich das Bedauern
darüber, daß die kirchliche Wirklichkeit – ich kann nur von der südlich der
Rhein-Main-Linie reden, die andere kenne ich zu wenig – psychologisiert
wird. Mir scheint, da muß nun möglicherweise eine ganze Generation
durch die psychotherapeutische, therapeutisch-gesellschaftliche Welle
hindurchgehen, um aus dieser Ecke wiederum Theologie überhaupt begreifen zu können. Das ist mir ebenso ergangen.
Von der Psychologie kann man also nicht leben, und die Psychotherapie
bringt einen an die Grenze eben dieses Weltbildes. Die Theologie wiederum ist in der Substanz eigentlich ein offenbarendes Geschehen, obwohl
die gegenwärtigen Theologen immerfort „wir auch, wir auch" brüllen und
wissenschaftlich auf den Zug der Zeit aufspringen. Vielleicht geht das
nicht anders, vielleicht ist das auch ein geistesgeschichtlich bedingtes

Schicksal, durch das wir durch müssen. Das ist durchaus möglich und ich mag mich über gegenwärtige Erscheinungen gar nicht lustig machen. Nur soviel dazu: Die Schätze der schon einmal gemachten spirituellen Erfahrungen der Vergangenheit sind unglaublich. Diesen Reichtum bringt eben die Theologie mit, und den nicht zu kennen, halte ich für einen sträflichen Leichtsinn von Psychologen. Viele wissen das wohl im Grunde auch.

Ein Aufnehmen und Annehmen dieses europäischen Reichtums fällt vielen von uns sehr schwer. Da stehen ja oft persönliche negative Erfahrungen mit Tradition und Kirche entgegen.

Natürlich, viele Psychologen und Therapeuten haben eben auch, da kann man leider nichts machen, durch die schwierige Kirchengeschichte subjektiver Art, die jeder hat, Verletzungen und Kränkungen davongetragen. Das muß man erst einmal wegbekommen, sonst kann man nicht nehmen, was vorhanden ist. Das ist ein bißchen ähnlich wie der Umgang mit der eigenen Familiengeschichte.

Wir sind alle aufgefordert, endlich unsere Projektionen zurückzunehmen. Es ist klar, daß die Kirche wie auch der Gewerkschaftsbund, wie auch die Republik, eine riesige Projektionsfläche ist. Die Abarbeitung dieser Projektionen ist selbstverständlich ein große Mühe. Auch gegenüber dem Staat ist so etwas fällig. Auch da kann ich mich nicht auf einen Weisensessel setzen und sagen, all diese Lohnverhandler und Gewerkschaftsleute sind alle am falschen Dampfer. Das ist schlicht so nicht wahr. Es ist ganz wichtig – nicht jeder kann alles tun –, sich der Mühe zu unterziehen, in solche politischen oder gar parteipolitischen Kraftfelder sich hineinzubewegen, um irgendwas zu bewirken. Das ist einfach wichtig.

Im kirchlichen Bereich ist es genau die gleiche Geschichte, weil das zur Mühe, auf dem Planeten Erde zu leben, gehört. Der ist kein Garten Eden, wir haben ihn, grob gesagt, verschissen, alle miteinander. Bricht einem nicht das Herz, wenn man sieht, wie herrlich dieser Planet sein könnte, also laßt uns doch was daraus machen! Das ist hier mein Punkt. Vieles ist im Durcheinander, zweifellos. Also bringen wir ein bißchen wieder in Ordnung. Es ist vielleicht nicht ein Welträtsel dadurch zu lösen, aber ein Kind, das glücklicher ist als zuvor, ist etwas Schönes und Grandioses. Ein Mensch, der liebevoller ist als zuvor, lustiger, witziger, kreativer, prägnanter, gestalthafter – das ist doch was.

*Neben den Bestrebungen, die Psychotherapie weiter wissenschaftlich ab-
zusichern und zu etablieren, ist auch eine zunehmende Befassung mit Spiritualität, wenngleich das heute ein unklarer Begriff ist, zu beobachten.*

Wir leben, so finde ich, in einer Zeit, die den ersten sechs Jahrhunderten
der europäischen Geschichte im Mittelmeerraum wirklich vergleichbar
ist. Unsere heutige Situation ist der spätantiken Gesellschaft in einigen
Punkten recht ähnlich. Was sich in der sogenannten Psychoszene ereignet,
ist im Grunde eine Mischung von moderner psychologischer Wissenschaft
und eigentlich stoischer Philosophie. Was wir heute als New Age beobachten, hat sich damals als die breite gnostische Strömung ereignet. Die
Gnosis ist ja die größte Geheimreligion Europas, die ganze Zeit bis heute.
Sie hat ihre großen Namen und hatte ihre große Bewährung, wenn man so
will. Und mittendrin steht die christliche Tradition, umgeben vom sogenannten Osten mit seinen hinduistischen Gruppierungen und den uns im
Grunde genommen nicht wirklich bekannten chinesischen und schamanistischen Traditionen und dem Buddhismus. Das ist jetzt sehr im Austausch, wie es seinerzeit ebenso, nur schwächer, war. Auf der Seidenstraße
zum Beispiel sind ja Menschen marschiert und haben etwas mitgenom-
men von einem Ort zum anderen.
So denke ich mir, dieser Austausch heutzutage ist eigentlich ein großer
Vorgang, den man leicht abwertend sehen kann, und ich muß sagen, ich
finde ihn manchmal grotesk; wenn man sieht, was heute alles spirituell genannt wird. Allein wenn einer die Aura sieht, sei das schon spirituell, obwohl diese doch ein elektromagnetisches Feld ist, usw.
So gibt es heute eben viele Weltbilder und einen scheinbar beliebigen
Wechsel von einem zum anderen. Die Gefahr besteht nun darin, daß man
durch den flotten Wechsel von einem zum anderen, ohne jeden Versuch eines wirklichen Einlassens auf ein einziges, mehr oder weniger nirgends
hinkommt. Wenn ich rund um die Rax reihum alle Markierungen auspro-
biere, werde ich niemals das Raxplateau erreichen. Irgendwann muß ich
sagen, ich gehe diesen Steig, folge dieser Markierung. Da stehen auf der
Tafel fünf Stunden angeschrieben, und ich weiß, ich werde jetzt fünf Stunden gehen. Dann werden wir gleich sehen, wie es oben auf der Rax aussieht. Dann werden wir sehen, ob es sich ausgezahlt hat oder nicht. Das
müßte man tun.

*Dann werden wir sehen, ob es sich ausgezahlt hat. Auf diese Nicht-Ga-
rantie muß ich mich erst einmal einlassen wollen.*

Natürlich, doch was will ich sonst machen? Ich hoffe natürlich, daß es da oben irgend etwas gibt. Irgend etwas zieht mich hin auf diesen Berg, wenn ich mir schon die fünf Stunden der Schwitzerei antue und diesen schmalen Steig hinauf wandere.

Um in dem Bild zu bleiben: Wenn es eine Tradition gibt, über diesen Steig zu gehen, der ich vertraue, kann ich vielleicht getrost diesen Steig wählen. Gibt es eine solche nicht oder habe ich keinen Bezug zu ihr, habe ich das volle Risiko und beginne mit dem Herumprobieren. Müssen wir uns heute nicht nach uns selbst richten?

Das geht ja gar nicht. Es geht deswegen nicht, weil man selbst so ins Rutschen kommen kann, daß man sich nach niemandem mehr richten kann, und dann rutscht man in eine unglaubliche Identitätskrise. Darum ist ja der Austausch und der Dialog und auch, daß man sich von Lehrerinnen und Lehrern – mit oder ohne Anführungszeichen – zeitweise oder längere Zeit begleiten läßt, daß man nimmt, was man kriegen kann an Orientierung, so unabdingbar.
Es ist, scheint mir, eine Grundentscheidung. Das sind schon spirituelle oder bereits religiöse Fragen, da sind wir schon über die eigentliche therapeutische Welt hinaus.

Was heißt das nun für einen Psychotherapeuten, der nicht theologisch geschult ist oder persönlich keinen Zugang zu diesen Fragen, zu dieser Dimension hat?

Der macht an dieser Stelle Schluß, und das kann auch sehr eindrucksvoll sein. Er kann sagen: Ich kann da nicht weiter, ich weiß nicht, woran Sie sich orientieren sollen, es ist Ihre Entscheidung, nach welchen Werten oder Lebensvorstellungen Sie gehen.

Gibt es da auch die Möglichkeit, daß diese Grenze nicht gesehen wird, der Weg in einen Bereich weitergegangen wird, wo er vielleicht allein nicht mehr ausreicht oder angemessen ist?

Das ist es, was ich gelegentlich befürchte. Man kann solche Phänomene ungemein zerreden. In meiner Ausbildungsgruppe gab es einmal eine Situation, wo ein Kollege etwas erzählte und darin das Wort „Gott" vorkam. Darauf hat es geheißen: Es gibt keinen Gott, Punktum! Das ist eine eindeutige Grenzüberschreitung. Man kann höchstens sagen: Das Wort „Gott" ist kein psychotherapeutisch-wissenschaftlicher Begriff, und allein das heißt es, daß man da nicht mehr darüber reden kann.

Ich meinerseits spreche gern, und es ist für mich oft schwierig, in der Therapie nicht zu sprechen. Das ist die eine Seite. Die andere ist, daß ich immer wieder bemerkt habe, daß Menschen, Patienten, auch Ausbildungskandidaten oft gerade darauf aus sind, daß sie mich dazu bringen, dazu verleiten und ermuntern, doch von Gott zu sprechen und doch etwas zu erzählen.

Nun ist es so, daß die Therapie die Tradition hat, jeder müsse seine eigene Wahrheit selbst herausfinden. Das ist schon richtig. Was aber ist mit der zweiten Seite der Medaille? Es kann ja auch Wahrheit lehrmäßig, durch Rede, in Kontakt gebracht werden, man kann sie überliefert bekommen. Bei Bert Hellinger habe ich oft gesehen, daß Leute sagen: „Erzähl uns eine Geschichte." Dann erzählt er seine Lehrgeschichten. Was ist das für ein eigenartiger Vorgang? Einige sagen, sie wollen seine Geschichten nicht hören, viele hingegen sagen, sie haben das Wesentlichste an seinen Geschichten gehört.

Ich erinnere mich an einen Patienten von mir in einer Gruppe, der eine wirklich gute Therapie gemacht hat. Am Schluß habe ich ihn gefragt: „Können Sie einmal sagen, was es Ihnen eigentlich ermöglicht hat, diesen positiven Schritt zu tun?" Darauf hat er mir zur Antwort gegeben: „Wenn ich ganz ehrlich bin, mir war ziemlich gleichgültig, was wir therapeutisch gemacht haben, da habe ich nicht so richtig hin gekonnt. Ich habe aber immer zugeschaut, wenn Sie mit anderen Leuten gearbeitet haben, daraus habe ich jede Menge allein durch den Wortwechsel bezogen, den Sie mit anderen hatten." Über dieses Beispiel habe ich viel nachgedacht und gefragt, wie kann das nun sein, daß es für den Menschen so wichtig war, einer therapeutischen Szene zuzuschauen. Mir ist dann in den Sinn gekommen, daß es auch mir so ergangen ist. Ich habe heute noch therapeutische Szenen meiner Ausbildner mit anderen Menschen vor Augen, direkt vor Augen. Das hat etwas Nährendes, etwas Weiterführendes, etwas Inspirierendes, etwas, das mich entschränkt hat, mich auch provoziert hat zu einem eigenen Leben. Es hat mich natürlich auch orientiert, und deshalb möchte ich doch diese zweite Wirklichkeit ebenso als real und therapeutisch relevant bezeichnen und nicht nur starr an dem Satz festhalten, der Patient müsse alles selbst herausfinden.

In einer Sitzung mit einem Patienten, der zuvor schon woanders in Therapie war und ein bestimmtes Problem nicht lösen konnte, bin ich an einer

Stelle unruhig geworden. Das hat er bemerkt und gesagt: „Na ja, gehe ich Ihnen auf die Nerven, es ist langweilig, nicht wahr?" „Ich will Ihnen offen sagen, was ich mir denke", habe ich geantwortet, „ich denke mir, ich hätte eine Lösung für Sie, aber natürlich ist es meine und nicht Ihre." „Ach, das ist mir egal, ich zahle so viel Geld, was wäre Ihre Lösung?" So habe ich ihm vorgeschlagen, er soll doch einmal eine Sache anders als bisher machen. Bezogen habe ich das von Schwäbisch-Siems' Buch „Lernen in sozialen Gruppen". Dort steht: Mach einmal etwas anders. Das schien mir klug. Also: „Können Sie nicht ein Element des Problems, das Sie mir jetzt erzählt haben, anders machen?" „Sehr interessant", hat er geantwortet und hat sich einen Punkt gesucht, und diese unglaubliche Blockade ist flüssig geworden.

Ich frage mich nun, was da eigentlich Tolles dabei war? Ich habe ihm einen Satz weitergegeben, als Impuls. Warum haben ihm meine Kollegen diesen Satz nicht weitergegeben? Weil sie gemeint haben, er benutzt sie, er will von ihnen etwas haben. Andererseits aber, wer zahlt wem Geld und warum? Darum, weil derjenige, der das Geld bekommt, etwas hat, was derjenige, der zahlt, nicht hat. Es kann ja nicht nur sein, daß ich sozusagen als Frustrationsmeister dasitze und mir allein davon das große kreative Heil erwarte.

Ich möchte bei dieser Gelegenheit anmerken: Natürlich habe ich viele therapeutische Erfolge gehabt, ich habe aber auch Fehler gemacht. Man kann das eine nur haben, wenn man das andere riskiert. So sehr mich das eine freut, tut mir das Fehlerhafte leid. So ist es. So ist das Leben.

Eine Kollegin berichtet in der Supervision von einer aidskranken Patientin, die einfach kein Geld hatte. Das kann man verstehen. Sie war lange Zeit aidskrank, war von ihrer Umgebung verlassen worden, hatte aber einen ganz reichen Vater und relativ wohlhabende Geschwister. Die Frau war also absolut nicht bereit, ihren Angehörigen ihr Elend mitzuteilen. Daraufhin hat meine Kollegin dies nicht mehr ausgehalten, hat sich die Erlaubnis ihrer Patientin geholt und hat kurzerhand einmal die Geschwister angerufen. Sie hat gefragt, ob diese wissen, wie es der Schwester gesundheitlich geht? Die wußten das nicht und hatten sich auch keine Mühe gemacht, wie auch die Kranke ihrerseits sich aus Scham, aus Verletzung, aus allen möglichen Gefühlen heraus den Angehörigen nicht mitgeteilt hatte. Daraufhin sind die Geschwister aktiv geworden und haben den Vater flottgemacht. Es kam zu einem ersten Gespräch. Wie bei einer solchen Vorgeschichte zu erwarten, wurden vor allem Vorwürfe ausgetauscht: „Weit bist du gekommen." Die Kranke wiederum: „Von euch brauche ich keine Hilfe, wie habt ihr mir doch die Jugend verpatzt." In dieser Tonart ging es dahin. Hätte nicht meine Kollegin sich abermals eingeschaltet und gesagt, ob das alles sei, was sich die Familie sagen wollte, oder ob es da noch einen Punkt gäbe, die Patientin hätte vermutlich bis heute kein Geld. Jetzt kann man natürlich sagen, die Kollegin habe agiert. Was aber ist mit dem Umstand, daß die Aidskranke eine nicht sehr lange Lebenserwartung hat, medizinisch prognostiziert. Soll diese Frau, um der reinen Lehre der Psychotherapie willen, weiter am Hungertuch dahinvegetieren, mit wirklichen Einschränkungen, oder soll sie möglichst einen Scheck bekommen, um sich endlich ordentliches Essen zu kaufen, eine ausreichende Behandlung bezahlen zu können, usw.?

Das ist ein Punkt, wo ich mir denke: Was ist nun Psychotherapie? Da braucht jemand Hilfe, ich sehe einen Weg, der noch nicht gegangen wurde, den die Patientin allein nicht gehen kann, und schalte mich ein. Zugegeben, die Übertragungsneurose, psychoanalytisch gesprochen, ist kaputt. Aber es gibt Methoden, die keine Übertragungsneurose brauchen, wie zum Beispiel die der humanistischen Psychologie.

Du bist nicht für den sogenannten kargen Weg.

Absolut nicht. Mir hat einmal eine Frau einen Cointreau-Likör geschenkt. Sie hatte unter anderem Zellulitis. Wieso ich das weiß? Weil ich, das ist natürlich schon lange her, brav analytisch gesagt habe: „Interessant, was Sie mir da schenken." Und habe den Cointreau auf ein Tischchen gestellt: „Was verbinden Sie damit?" Sie hat dann assoziiert: „Gelb, Harn, da fällt mir meine Zellulitis ein." So waren wir bei der Zellulitis. Heute würde ich wahrscheinlich sagen: „Das ist aber wirklich nett von Ihnen, entweder trinken wir ein Stamperl miteinander, oder ich werde mich freuen, heute abend mit meiner Familie anzustoßen. Ich danke Ihnen noch einmal sehr." Wer bin ich denn, daß ich ein Geschenk nicht annehmen kann?

Hat diese andere Haltung nicht nur etwas mit Behandlungstheorie zu tun, sondern auch damit, in welchem Lebensalter man einem Patienten begegnet?

Das Lebensalter macht einen Unterschied, das ist wahr. Und ebenso ist es eine theoretische Angelegenheit. Kontakt und Begegnung waren von Anfang an zwei Paradigmen der Gestalttherapie. Man kann nicht Psychotherapie machen, ohne Menschen zu berühren. Wenn man das nicht will, dann wird sie ein abstraktes, klinisch reines Verfahren, das aus der Güte Gottes oder aus der Realität heraus manchmal auch Gutes bewirkt. Doch genau besehen wäre dies ein unmenschliches Verfahren. Und würde als Langzeitperspektive die Psychotherapie ad absurdum führen.

In einer Familie, die zu mir kam, gab es eine in der Nazizeit ermordete Großmutter. Die Familie war mit verwickelt, es herrschte also eine grauenhafte Mischung aus Familiendynamik und politischer Intrige. An einer Stelle habe ich ihnen diese ermordete Großmutter präsent gemacht. Einige Zeit später habe ich ihnen vorgeschlagen, an der Kirche des Orts, in dem sich das zugetragen hat, eine Gedenktafel zu enthüllen. Was ist das nun, klinisch betrachtet, für eine Intervention? Sie hat sich als ein entscheidender Schritt herausgestellt, der aber ohne mein Vorschlagen und Nachfragen wohl nicht passiert wäre. Heute hängt die Tafel dort, die Großmutter hat eine Art öffentlicher Ehre erhalten. Vor allem für die Enkelkinder war das wichtig, die haben heute zu dieser Großmutter ein vollkommen anderes, besseres Verhältnis.

Scheint hier wieder der Theologe und Priester durch?

Das scheint aufs erste so. Doch hat erstens diese Ortskirche sehr viel mit der Geschichte dieser Familie zu tun. Und zweitens hatte ich ihnen zuvor auch andere Möglichkeiten angeboten: eine Gedächtnisstele im Garten, einen Baum, einen Weg beim Haus nach der Großmutter zu benennen. Sie haben sich für die Tafel an der Kirche entschieden, weil es eine Geschichte dazu gibt. Mir schien das auch ganz passend, was in diesem Fall aber wenig mit meiner Theologie zu tun hat. Man darf nur nichts dagegen haben. Bei uns wird immer alles erwähnt, bloß die Kirche nicht. So fällt das stark auf, wenn ich sage: Geben Sie die Gedenktafel an die Kirche. Tatsächlich aber hat das sehr viel mit dem konkreten Leben dieser Familie zu tun.

Du betonst wiederum den Blick auf das Lebendig-Konkrete im therapeutischen Prozeß.

Das hängt, glaube ich, nicht zuletzt an der Gestalttherapie. Und ist gleichzeitig auch der Grund, warum ich diese gewählt habe. Denn die Gestalttherapie als phänomenologisches Verfahren gibt mir auch von der Theorie und Technik der Therapie her die Möglichkeit, konkret zu bleiben, wirklich konkret zu bleiben. Dieses Nur-darüber-Philosophieren im trauten

Kreis und dann unbeeindruckt davon anders Handeln erinnert mich an das Wort Ferdinand Ebners vom „europäischen Traum vom Geist". Man sitzt und träumt schön vom Geist. Doch in Wahrheit muß alles in irgendeiner Form konkret werden.

Mir hilft da vielleicht der Umstand, daß ich ein nicht zum Ausdruck gekommener Musiker bin. Und in der Musik ist es wichtig, daß man ein Instrument hat und spielt. Ich kann mir natürlich eine Geige oder einen Synthesizer stundenlang anschauen; aber irgendwann heißt es: „Einsatz!" Auf diesen Punkt kommt es an, auch in der Therapie. Der Mensch, der mir gegenübersitzt, atmet ein und aus, ein und aus, und irgendwann ist die Stunde vorbei. Wo ist der Einsatz geblieben? Selbstverständlich kann und muß man schon warten, es wird sich schon vorbereiten. Schließlich aber gibt es einen Punkt, wo die Theorie in die Handlung übergeht. Wenn dieser Punkt, dieser Einsatz verpatzt wird, dann entsteht theoretisch eine Spaltung und praktisch eine Blockade. Die nächste theoretische fruchtbare Ebene wird dann erreicht, wenn die Handlung durchlebt ist. Wenn ich in der Therapie oder als Therapeut nur theoretisch akzentuiere, dann verbrauche ich mein eigenes Handlungsgeschehen. Worüber reflektiere ich eigentlich dann noch, wenn gar nichts mehr passiert ist?

Dieser Einsatz ist natürlich auch eine Frage der Müdigkeit oder Wachheit. Wenn man nicht müde ist, kann man als Therapeut genau sehen, wo die Handlung fällig ist. So kann zum Beispiel auch eine Stunde früher zu schließen sein, wenn es nichts zu sagen gibt. Soll man in so einer Situation die restlichen Minuten abschweigen oder abquatschen? Das wäre doch lächerlich! Da ist es eben aus: Auf Wiedersehen, da draußen ist das Leben, und alles Gute!

Dasselbe gilt auch für Ausbildungen. Die Formalisierung der jetzigen Psychotherapie-Szene bringt es mit sich, daß man auf solche wichtigen Punkte nicht achten kann. Würden Musiker so formalisiert ihre Werke schreiben, wäre die Musik schon längst erloschen, weil sie langweilig, schlichtweg fad wäre. Notwendig und heilsam ist es, den wirklichen Gestaltungen zu folgen. Nun läßt sich das natürlich krankenkassenmäßig schwerer verrechnen, das ist eine echte Schwierigkeit.

Die Krankenkasse ist ohnedies nicht sehr von der Wirksamkeit und Notwendigkeit von Psychotherapie überzeugt.

Zur Wirksamkeit möchte ich zuerst einmal sagen: Ich glaube, daß die Psychotherapie aus Gründen wirkt, die nur teilweise in den psychotherapeutischen Schulen als Wirkursache reflektiert werden. Warum wurde ein Patient gesund? Da hat jede Schule ihr Theoriegebäude, das erklären kann, warum ein Patient gesund geworden ist oder sich sein Leidenszustand gebessert hat. Das muß aber nicht stimmen. Es können auch ganz andere Gründe den Zustand gebessert haben.

Ein Patient sagte mir einmal: „Seit ich regelmäßig Vollkornmüsli esse, ist meine Schizophrenie verschwunden." Das ärgert mich natürlich. Ich habe mich geplagt, und dann soll es am Müsli liegen. Doch letztlich kann ich überhaupt nichts dagegen sagen. Denn ich habe nicht die Möglichkeit, einen einzigen psychotherapeutischen Heilungsvorgang im Kontrollverfahren zu überprüfen. Niemand von uns hat diese Möglichkeit. Es ist immer ein neuer Vorgang und immer ein einmaliger Vorgang mit jedem Menschen.

Was machen wir angesichts dieser Einmaligkeit mit der Qualitätssicherung?

Die Qualitätssicherung ist ein Konsensverfahren. Sie ist ein Verfahren, dem wir mit unseren Paradigmen zustimmen können, und das sich an statistischen Wertigkeitstheorien orientiert. Es ist besser als nichts, wenn das Unsagbare so zu sagen versucht wird. Aber ehrlicherweise sagt das nichts aus. Es ergibt sich eine gewisse Wahrscheinlichkeit, das stimmt. Man kann also sagen: Nach wahrscheinlicher Einschätzung eines Verlaufes, auf Grund dieser und jener Erfahrungen, ist dies oder jenes eher wahrscheinlich. Doch unbestritten bleibt, daß fern jeder statistischen Evaluation Freud mit einigen wenigen Analysen weitreichende Konzepte psychotherapeutischen Handelns entwickelt hat.

Freud nannte sich selbst spekulativ und die Metapsychologie die eigentliche Psychologie.

Das ist richtig. Wieso war er aber so wirkungsvoll? Das ist doch viel interessanter. Und wieso lassen sich aus der Statistik heraus keine wirklichen Behandlungsmethoden entwickeln? Mir ist zumindest keine bekannt, die auch nur annähernd an die traditionell entwickelten heranreicht. Warum kann man nicht statistisch einen therapeutischen Weg gehen? Das geht offensichtlich nicht. Man kann ihn sehr wohl als Psychoanalytiker, als Psychodramatiker, als Individualpsychologe usw. gehen.

Das ist berufspolitisch ein ganz schwieriger Punkt. Es ist offensichtlich, daß Heilung von Knochenbrüchen, Magenresektionen und ähnliches leichter darstellbar sind als seelische Besserungen. Trotzdem kann ich sagen: Da sind so und so viele Menschen, die sagen, daß ihnen Psychotherapie wirklich geholfen hat. Solche Aussagen haben doch einen Sinn. Nur die allerwenigsten sagen, es habe am Vollkornmüsli gelegen, oder sie seien einfach älter geworden.

Tatsächlich erzeugt ja die Psychotherapie bei der Bevölkerung ein Bedürfnis nach Psychotherapie. Sie erzeugt quasi ihren eigenen Markt. Das wirft uns die Krankenkasse vor, stimmt aber. Man müßte sich also diesen Vorgang klarmachen, denn er ist eine Unterszene einer viel größeren Szene. Freud formuliert, wo der Prozeß steht und was Widerstand ist, und die Gesellschaft lacht und sagt: „Wir werden den Widerstand woanders aufbauen, nicht wo ihr glaubt, daß er schon ist!" So wandert ja auch die Form des Widerstandes durch verschiedene Verhaltensfelder durch. Wenn man heute liest, was bei Freud ein Widerstand war, bewegt uns das heute gar nicht mehr so sehr. Das schaut heute anders aus, es ist vielleicht subtiler oder einfach anders geworden. Hier gibt es auch eine Art von Dialog zwischen therapeutischer Aktion und gesellschaftlicher Reaktion darauf. Diesen Vorgang darf man nicht unterschätzen.

Ein weiteres Moment ist schließlich, daß die Menschen sagen: „So wollen wir leben. Wenn wir in Schwierigkeiten sind, wollen wir Psychotherapeuten haben. Wir wollen nicht Medikamente schlucken, wir wollen nicht in einem Dämmerzustand oder schlafkurähnlich auf Kliniken liegen. Wir wollen auch nicht vergammeln, und auch nicht von Familien in Heime abgeschoben werden und auch nicht für arbeitsunfähig erklärt werden. Deshalb wollen wir eine Psychotherapie machen." Das ist auch eine Frage der Menschlichkeit und der Menschenwürde.

Das Gespräch zwischen der Psychotherapie und dem kirchlichen Christentum liegt Dir sehr am Herzen. Worum kann es bei diesem Dialog gehen?

Tatsächlich habe ich mir einen Schwerpunkt gesetzt: eine Kontaktaufnahme oder Versöhnung zwischen den kirchlichen und den psychotherapeutischen Lebensbereichen herzustellen. Die Geschichte der beiden miteinander ist sehr konfliktbeladen, und zwar mehr, als man normalerweise zuzugestehen bereit ist. Das Gesprächsklima von beiden Seiten scheint recht irenisch, ist es aber so nicht.

Ich bewege mich also auf dieser Grenzlinie. Ich bin freier Therapeut, und wer kommen mag, der kommt. Natürlich veranstalte ich gelegentlich ein Seminar oder Symposium und wende mich an kirchlich identifizierte Christen. Das mache ich, weil ich immer wieder von der Angst höre, daß ihnen jemand den Glauben wegnehme. So deklariere ich eine solche Veranstaltung gleich als „Psychotherapie für Christen". Niemand braucht also Angst haben, daß ihm der Glaube weggenommen wird. Allerdings füge ich schon hinzu: Der Glaube muß der Psychotherapie standhalten können. In einem zweiten Durchgang muß auch die Psychotherapie dem Glauben standhalten können.

Kann der Glaube der Psychotherapie standhalten?

Lange Zeit hat es so ausgesehen, als ob das eigentlich nicht ginge. Dann habe ich gedacht, der Glaube muß sich verändern, sonst geht das nicht. Mittlerweile denke ich mir, die Psychotherapie muß sich ebenso verändern. Nun begreife ich das als den gemeinsamen Prozeß einer Annäherung. Für mich ist Psychotherapie cum grano salis eigentlich dasselbe Phänomen wie der antike Exorzismus. Es heißt anders und schaut anders aus, es hat aber dieselbe oder überlappend vergleichbare Wirkung. Wenn ich mich nicht täusche, ist die Psychotherapie eine Form dessen, was man in der Tradition Reue, Buße und Versöhnung genannt hat.

Die Kirche als Institution, diese jämmerliche, großartige, geschundene, kritisierte und herbeigewünschte – wie immer man will – , diese also in jeder Hinsicht zwiespältig ambivalente europäische Zentralinstitution ist im 16. Jahrhundert „zerborsten und alle ihre Eingeweide traten heraus", um dieses biblische Wort zu gebrauchen. Die europäischen Folgegesellschaften haben sich der kirchlichen Inhalte bedient. Das muß auch so sein und ist auch in Ordnung. Die Psychotherapie hat sich ein kleines Stückchen, das in der Antike Seelenführung geheißen hat, genommen. Die entsprechenden Vorgänge im Altertum kennen wir zum Beispiel als die stoische Philosophie oder auch als frühes Mönchtum. Das ist still und leise in die Psychotherapie gewandert. Für mich ist das ein berührender Vorgang. So gesehen ist die Psychotherapie eigentlich eine säkularisierte Form der kirchlichen Seelsorge, die einstmals kirchlich abgestempelt war. Vielleicht ist das auch gut so.

Ich habe jedenfalls nichts gegen eine weltliche Seelsorge, weil ich nichts gegen die Welt habe. Wenn nun manche davor warnen, daß sich die Theologen in Psychotherapeuten verwandeln, so ist das nur die halbe Wahrheit.

Die Theologen müßten auch sehen, daß Psychotherapie eigentlich ein anonymisiertes Stück theologischen Handelns ist.

Das geschieht einfach so, sozusagen hinter dem Rücken der Beteiligten. Das ist gerade das Schöne daran, daß es so passiert. Man erreicht Leute, ohne daß lange für oder wider den Papst gestritten werden muß. Und es passiert trotzdem etwas Gescheites oder auch berührend Gütiges. Sogar die Psychiatrien, die oft kritisiert werden, haben ebenfalls einen zweiten Aspekt. Wenn man dort hinschaut, sieht man auch diese geduldige, humane Güte, die so viele Menschen verschiedener Berufsgruppen dort investieren. Das ist, wenn man es vom spirituell christlichen Weg anschaut, ein kirchliches Phänomen. Nämlich in dem Sinne, daß es auch kirchlich bereits benannt wurde.

Insofern nehme ich einen friedlichen Standpunkt ein. Ich versuche, das Treibende auf der einen wie auf der anderen Seite zu erkennen. Beide Seiten spielen im selben Drama, selbst wenn wir Gegenpositionen haben. Das ist meine Zuversicht. Das ist für fanatisierte Psychotherapeuten genauso unerträglich wie für fanatisierte Bischöfe oder fanatisierte Pfarrer. Weitsichtigere auf beiden Seiten spüren ja die Verwandtschaft. Ich verweise auf die Vorträge und Gespräche von Otto Kernberg und Kardinal König auf dem Weltkongreß der Psychotherapie in Wien. Im Gespräch der beiden konnte man spüren, wie „das Andere seiner selbst einem entgegenkommt", wie es so schön heißt.

Wie angehörig und verbunden der Kirche fühlst Du Dich heute?

Ich lebe als Christ, der Sakramente empfangen hat, der mit seiner lieben Frau Christl und drei Kindern das Leben teilt. Hier mag man einwenden, was sei schon ein Sakrament. Darüber könnte man lange diskutieren. Nach meinem Dafürhalten ist es etwas Existentielles. Die Zugehörigkeit zu einer spirituellen Gemeinschaft ist für mich nicht eine Frage der Religionssoziologie. Wenn man den christlichen Weg geht und auf irgendeine Art und Weise in die Nähe Jesu kommt, geht es gar nicht anders, als daß man in die Kirche kommt. In eine Kirche, die man sich nicht ausgesucht hat und in der man sich mit Menschen zusammenfindet, mit denen man mehr oder weniger gut übereinstimmt und die einem mehr oder weniger sympathisch sind. Es gibt keine anderen Menschen als die, die es gibt. Und es gibt auch keine anderen Christen als die, die es gibt. Entweder bewege ich mich da hinein, im Sinne der Menschwerdung Jesu, und versuche zu begreifen, was ich dort soll, was ich nehmen muß und was ich geben kann, oder ich kann den christlichen Weg nicht gehen.

Es ist vollkommen klar, daß dieser einsiedlerhafte Friede, bildhaft auf der Höhe eines Berges, verschwunden ist. Dort kann ich nicht sitzen und lächelnd sagen: „Machst du dies, ist es gut, machst du jenes, ist es auch gut, es ist überhaupt alles gut." Nach christlicher Überlieferung geht das nicht. Denn Gott ist nicht nur Regisseur, sondern hat sich als Mitspieler der Heilsgeschichte in die freie Geschichte, in der ich auch stehe, hinein bewegt.

Wenn ich also diesen Weg gehen will, komme ich an die Kirche. Diese schaut eben so aus, wie ich ausschaue oder wie andere ausschauen. Das ist mein Schicksal, mein spirituelles Schicksal. Diesem kann ich selbstverständlich Widerstand leisten und sagen: Das will ich nicht! Dann muß ich austreten, und somit wäre der christliche Weg in diesem Abschnitt einmal beendet oder außergewöhnlich seltsam geworden. Ich habe mich hinein bewegt und ich habe mich entschlossen, dazu zu stehen.

Die Wahl, vor der ich gestanden habe, war: Wollte ich agnostisch werden? Das wollte ich nicht, und dazu hatte ich auch zuviel gesehen. Wollte ich buddhistisch werden? Davon habe ich zuwenig verstanden und so hat auch meine Szene nicht begonnen. Ich hätte wohl ein Reisebuddhist werden können. Oder wollte ich eben den christlichen Weg gehen?

So hoffe ich, nicht so schwachsinnig zu sein, daß ich den größten Unsinn erwischt habe. Zwischendurch hat es mich schon gründlich gebeutelt. Das ist ebensowenig eine Garantie auf das, was morgen sein wird. Es eignet eben dem spirituellen Weg an, daß man sich „im Glauben überläßt". Das ist ja ein sehr tiefes Wort, das man nicht in einem Satz fassen kann.

Das Gehen dieses Weges ist für mich als Person lebensentscheidend. Da stecken mein Leben, meine Energie und mein Risiko drinnen. Im Falle jeder anderen Entscheidung wäre es genauso. So könnte man diesen Vorgang eine „berührte Treue" nennen. In diesem Sinn lasse ich mir von einer Kirche auch etwas sagen. Ich lasse mich belehren, lasse mir etwas übergeben: So betet man, das sind unsere heiligen Schriften, so schaut ein Ritus aus, das solltest du bedenken. Das lasse ich mir durchaus sagen.

Auch für Therapeuten gehört es übrigens zu den Grundentscheidungen, ob ich sozusagen einen Turm von Babylon baue, oder ob ich Menschen begegne. Ein Verbindendes zwischen Psychotherapie und Religion ist für mich eine Art von Gehorsam. Oder anders ausgedrückt: ein Folgen der Wahrheit des Phänomens oder der konkreten Wahrheit, wie sie sich eben zeigt. Das ist, wie mir scheint, das Höchste oder Wesentlichste. Genau dies ist der Grund, warum die konstruktivistischen Lebensentwürfe zwar eine interessante wissenschaftliche Variante sind, die zu verfolgen sich auch lohnt, jedoch als Lebenshaltung nicht lebbar sind.

Um ein einfaches Beispiel zu nennen: „Figaros Hochzeit" ist ein solch unglaubliches Kunstwerk, daß mir die Luft wegbleibt. Ich kann es nicht anders beschreiben. Jetzt kommt der springende Punkt: Nicht ich mache „Figaros Hochzeit"; in keiner Weise mache ich dies. Selbst wenn meine kleinen grauen Zellen die Impulse, die von der Bühne und aus dem Orchestergraben auf mich kommen, natürlich beeinflussen, kann ich nicht davon absehen, welch inspirierender Vorgang das ist. Ich wäre ärmer ohne „Figaros Hochzeit". Es findet eine Begegnung mit „Figaros Hochzeit" statt. Sie macht mich nervös, hebt mich und zieht mich hinein in den Kontakt. Meine grauen und grünen Zellen, mit ihren rezeptionellen Fähigkeiten, Beliebigkeiten oder Bedingtheiten – Maturana und Varela in Ehren – haben beim besten Willen nichts mit dem Phänomen „Figaros Hochzeit" zu tun. Sie haben lediglich mit meiner Rezeption dessen zu tun.

Jeder, der einmal verliebt war, und jeder von uns hat das wohl erlebt, weiß darum, daß dies eine Wirklichkeit dialogischer Art ist. So haben wir wohl alle erfahren, daß da etwas ist, das nicht ich bin. Das ist im Grunde ein sehr ernster Punkt. Ich hielte es für einen großen Irrweg, wenn sich die Psychotherapie auf die konstruktivistische Variante als ihre Grundlage einigte. In diesem Falle fürchte ich um sie.

Das Gespräch mit Richard Picker führte Heinz Laubreuter.

Autorinnen und Autoren

Wolf Aull, Prof., Sozialpädagoge, Lehrbeauftragter an sozialpädagogischen Instituten, Groupworker, Innsbruck

Erwin Bartosch, Dr. theol., Psychoanalytiker, Begründer und Leiter des Wiener Kreises für Psychoanalyse und Selbstpsychologie, Wien

Erhard Busek, Dr. iur., Vizekanzler a. D., Vorstand des Instituts für den Donauraum und Mitteleuropa, Wien

Wolfgang Esö, Psychotherapeut (Gestalttherapie), Wien

Bert Hellinger, Psychotherapeut, Entwickler eines phänomenologischen Ansatzes der systemischen Familientherapie, Ainring/BRD

Franz Kardinal König

Almut Ladisich-Raine, Dipl.-Psych., Psychotherapeutin (Gestalttherapie), Ausbildungsleiterin am Institut für Gestalttherapie Würzburg

Heinz Laubreuter, Psychotherapeut (Gestalttherapie), Wien

Harald Picker, Psychoanalytiker, Sozialpädagoge, Leiter des Wiener Psychoanalytischen Seminars, Wien

Alfred Pritz, Dr. phil., Psychoanalytiker, Präsident des Österreichischen Bundesverbandes für Psychotherapie, Wien

Gernot Sonneck, Dr. med., Univ.-Prof., Vorstand des Instituts für medizinische Psychologie der Universität Wien, Psychotherapeut (Individualpsychologie)

Augustinus K. Wucherer-Huldenfeld, Dr. phil., em. Univ.-Prof., em. Vorstand des Instituts für christliche Philosophie, Wien

Biographische Daten zu Richard Picker

Richard Picker, geboren 1933 in Wien. Katholischer Priester (1961), Doktorat der Theologie (1965), in der Seelsorge tätig bis 1970 (Pfarren, Studentenseelsorger), Professor für Religionspädagogik an der Pädagogischen Akademie Wien, Heirat und Laisierung (1970), im zweiten Berufsweg Psychotherapeut (Psychoanalyse, Dynamische Gruppentherapie, Gestalttherapie)

Lehrtherapeut für Gestalttherapie an den Instituten: ÖAGG, Wien; FPI, Düsseldorf; IGW, Würzburg; ÖGI, Wien

Gründung des Arbeitskreises Tiefenpsycholgie Linz (zusammen mit Dr. Harry Merl) 1973

Gründung der Sektion Gestalttherapie im ÖAGG 1976

Lektor für Gestaltpädagogik an der Uni Innsbruck 1985

Lektor für Gestaltpädagogik an der Uni Wien 1986–1991

Niedergelassener Psychotherapeut ab 1976 in Linz und ab 1978 in Wien

Veröffentlichungen:

Pluriformes Christentum, Wien 1970

Die Frage der Laienanalyse, in: Gastager (Hg.), Psychoanalyse als Herausforderung, Wien 1980

Können wir Wahn und Intoleranz verhindern?, in: Grabner-Haider (Hg.), Fanatismus und Massenwahn, Graz 1987

Die Gestalttherapie, in: Loccumer Protokolle 22/1988

Psychotherapie und Nazivergangenheit, in: Heimannsberg/Schmidt (Hg.), Das kollektive Schweigen, Heidelberg 1988

Ist Vernunftfeindlichkeit überwindbar?, in: Grabner-Haider (Hg.), Angst vor der Vernunft, Graz 1989

Österreichisch-katholisch, Wien 1990

Warum Gestalttherapie?, in: Krisch/Ulbing (Hg.), Zum Leben finden, Köln 1992

Wendezeiten. Wenn die Vergangenheit die Zukunft heilt, in: Perner R. (Hg.), Zeiträume, Wien 1993

Vortragsreihe in der Cassettenedition Hör-Gestalten, Wien 1995:

Philosophische Grundfragen der Gestalttherapie I

Philosophische Grundfragen der Gestalttherapie II

Anthropologie für Psychotherapeuten

Weitere Vorträge (u. a.):

European Congress of Gestalttherapy, Mainz 1986, Eindhoven 1989, Cambridge 1995

Evangelischer Kirchentag, Frankfurt/M. 1985

Münchner Gestalttage 1987–1994

Die Begegnung mit dem Fremden, Thüringen 1994

Gegenwärtiger Arbeitsschwerpunkt:

Grenzfragen zwischen Psychotherapie und Religion, im besonderen des kirchlichen Christentums